Kursbuch Impro-Theater

Autor:
Volker List

Ernst Klett Verlag
Stuttgart · Leipzig · Dortmund

Bildquellennachweis

Cover vorn: Thinkstock (Hemera), München;
Cover rechts oben, Mitte, unten: Klett-Archiv, Stuttgart (Martin Lischka, Langgöns);
S. 5, 8, 10, 19, 23, 34, 39, 46, 52, 57, 62, 71, 73, 77, 82, 84, 86, 92, 97, 98, 100, 102, 108:
Klett-Archiv, Stuttgart (Martin Lischka, Langgöns)

Nicht in allen Fällen war es uns möglich, den Rechteinhaber der Abbildungen ausfindig zu machen. Berechtigte Ansprüche werden selbstverständlich im Rahmen der üblichen Vereinbarungen abgegolten.

Textquellen

S. 94, 97: Aus: List, Volker/Pfeiffer, Malte: Kursbuch Darstellendes Spiel.
Ernst Klett Verlag GmbH, Stuttgart 2009.

So funktionieren die Online-Codes:

Kompetenzanalysebogen
Bewertungsbogen
5v2vn6

Geben Sie den Code **5v2vn6** einfach in das Suchfenster auf **schueler.klett.de** ein.

1. Auflage 1 8 7 6 5 4 | 30 29 28 27 26

Autor: Volker List, Hüttenberg

Entstanden in Zusammenarbeit mit dem Projektteam des Verlages.

Externe Redaktion: Ulla M. Martinson, Berlin

Umschlag und Layoutkonzeption: Anika Marquardsen, einzigwahres, Stuttgart;
Projektteam des Ernst-Klett-Verlages, Stuttgart
Satz: Endless Creative, Holm Klix, Leipzig
Reproduktion: Meyle & Müller Medienmanagement, Pforzheim
Druck: AZ Druck und Datentechnik GmbH, Kempten

Printed in Germany
ISBN 978-3-12-350462-4

9 783123 504624

Inhalt

Einleitung

Das Kursbuch Impro-Theater ist ein **Arbeitsbuch für Schülerinnen und Schüler**.
Es soll dazu anregen, Erfahrungen im theatralen Feld der Improvisation zu machen und **überprüfbare Kompetenzen** zu erwerben.
Gleichzeitig ermöglicht es Einblicke in die Steuerung von Arbeitsprozessen und trainiert die Fähigkeit, **Projekte zu organisieren** und erfolgreich abzuschließen.

Das Kursbuch Impro-Theater beschreibt in 18 Modulen einen Halbjahreskurs und kann auch **ohne theatrale Vorkenntnisse** genutzt werden.

Das Kursbuch Impro-Theater bietet so viel Material, dass damit **zwei- bis fünfstündige Kurse** oder entsprechend umfangreiche Projekte durchgeführt werden können. Bei entsprechender Intensivierung können die Inhalte auch auf zwei Halbjahre verteilt werden. Der Autor dieses Schülerarbeitsbuches führt seit 2001 entsprechende Kurse u.a. in den beiden Halbjahren der Stufen 12 (G8) und 13 (G9) durch. Eine Übersicht bietet die Grafik „Verteilung der Leistungskontrollen" im Anhang.

Der Kurs ist **modular strukturiert**, d.h., einzelne Themenblöcke und Aspekte eines Themenbereiches können je nach Interesse herausgegriffen und den eigenen Wünschen gemäß kombiniert werden, sodass die Nutzer dieses Buches die **Freiheit** in der **Wahl der Schwerpunkte** haben. Auch lassen sich einzelne Module dieses Erweiterungskurses neu kombinieren und in weiteren Zusammenhängen nutzen, z.B. im Wahlunterricht der Klassenstufen 7 bis 10, in Theater-AGs oder bei der Projektwochenarbeit.

Die für die einzelnen Unterrichtsabschnitte angegebenen Zeiten sind Richtzeiten.

Die **Theorie-Impulse** unterstützen die praktische Arbeit einerseits durch Anregungen, andererseits erlauben sie es, die Schauspielarbeit immer wieder in einem theoretisch-historischen Kontext zu sehen, und erleichtern somit das Verständnis für die zeit- und gesellschaftlich bedingte Art und Weise, mit der Kunstform Theater umzugehen. Sie geben **erste Anregungen für ein weiterführendes, vertiefendes Studium** dieser Ansätze.

Eingestreute Jokerfelder geben praktische Tipps zur Lösung von unterschiedlichen Problemen, die während eines Impro-Theater-Projektes auftreten können.

Die **Marginalspalten** enthalten Verweise auf weiterführende Literatur innerhalb des Buches bzw. aus dem Buch hinaus.
Checklisten dienen in verschiedenen Abschnitten als Impulse zur Kontrolle und Überprüfung wichtiger Prozessschritte und machen auf typische Fehler in diesen Kontexten aufmerksam.

Kompetenz- und Anforderungsbereiche

Oberstes Lernziel ist der Erwerb von praktisch-gestalterischen Kompetenzen, Selbstständigkeit und Eigenverantwortlichkeit in den vier wesentlichen von der EPA (Einheitliche Prüfungsanforderungen in der Abiturprüfung der Kultusministerkonferenz 2006) formulierten Kompetenzbereichen: theaterästhetische Grundlagen, theaterästhetische Gestaltung, theaterästhetische Kommunikation und soziokulturelle Partizipation.

Der Erwerb von Kompetenzen in diesen Lernfeldern wird in je drei verschiedene Anforderungsbereiche unterteilt, die den Grad der Aneignung dieser Kompetenzen beschreiben. Anforderungsbereich 1 umfasst das Verstehen und Beschreiben, Anforderungsbereich 2 die bewusste Gestaltung und Anforderungsbereich 3 die Reflexion und Weiterentwicklung.
Die **Module** (Doppelstunden) bestehen aus den Komponenten Aufwärmen, Training, Gestaltung, Reflexion, Hausaufgaben, Fachbegriffe und Theorie-Impulse.
In den einzelnen Modulen werden Anregungen für mehr Eigentätigkeit, Selbstständigkeit und Selbstverantwortung beim Kompetenzerwerb in einem transparenten Prozess angeboten.
Im Verlauf des Arbeitsprozesses übernehmen die Spieler mehr und mehr Verantwortung, die weiteren Schritte zu planen, zu organisieren und umzusetzen.

Im Kursbuch Impro-Theater wird die Anrede „du" (2. Person, Singular) benutzt, nicht nur weil es im professionellen Theater Tradition ist, sich zu duzen, sondern weil diese Anrede auch darauf verweist, dass in einem Ensemble eine besondere Vertrauensbeziehung unabdingbar ist.
Die **Kursleitung** wird als **Lernprozessinitiator, Lernbegleiter, Unterstützer, Coach und Supervisor** gedacht. Ihre Aufgabe ist es, dazu beizutragen, die hier vorgestellten Module (Doppelstunden) an die tatsächlich zur Verfügung stehende Zeit und das Ziel des Unterrichts anzupassen: Was ausgewählt wird, welche Schwerpunkte gesetzt werden, hängt letztlich auch davon ab, ob der Kurs umfassend, konsequent und zielgeführt auf die Abiturprüfung im Fach Darstellendes Spiel vorbereitet wird oder ob Zeit und Muße bleiben soll für die intensive Arbeit an einer Impro-Show oder einem Impro-Match verschiedener Theatergruppen.

Die **Aufgabe der Kursleitung** konzentriert sich darauf,
› in den Anfangsphasen der Lerneinheiten die nötigen Informationen und Impulse zu geben, um den Prozess anzustoßen und ins Laufen zu bringen,
› in der Hauptphase des Prozesses das Ensemble zu supervisieren und zu beraten und dafür zu sorgen, dass es das Ziel nicht aus den Augen verliert. In gleichem Maße unterstützt die Kursleitung die Schülerinnen und Schüler bei der Nutzung ihrer Kompetenzanalysebögen, die ihnen ihren aktuellen Leistungsstand transparent und bewusst machen. Eine entsprechende Lernprozessberatung gibt den Schülern die Chance, ihre Defizite zu

differenzieren und sich durch geeignete Maßnahmen zu qualifizieren. Auf diese Weise wird der zurückgelegte Lernweg deutlicher und die sich daraus ergebende Halbjahresnote plausibler.

› In der Schlussphase des Projektes unterstützt die Kursleitung das Ensemble bei der Lösung von Problemen, die es nicht alleine lösen kann, z. B. bei der Reservierung eines geeigneten Aufführungsraumes oder beim Beantragen von Genehmigungen für Plakatierungen oder dabei, die unter Zeitdruck erarbeitete Dramaturgie für eine erfolgreiche Aufführung stimmig zu machen.

Vorteile des modularen Aufbaus

Die hier vorgestellten Module (Doppelstunden) können auf unterschiedliche Weise zu unterschiedlichen Zwecken und in unterschiedlichen Zusammenhängen individuell zusammengestellt und genutzt werden.

Ein Beispiel für drei Schwerpunkte der Nutzung (Abstufungen und Varianten sind möglich):

Nutzungsarten	Ziel	Einsatz in unterschiedlichen Zusammenhängen
Einzelmodule mit bestimmten Themenschwerpunkten	- Aneignung fachlicher Kompetenz in bestimmten thematisch eng begrenzten Themen- oder Übungsbereichen	- Theaterunterricht - WPU - AGs - außerschulische Zusammenhänge (Jugendgruppen)
Grundlagen	- Aneignung fachlicher Grundkompetenzen	- Theaterunterricht - WPU - AGs mit höherem Anspruch und mehr Zeit - außerschulische Zusammenhänge wie Jugend- und freie Theatergruppen mit fachlich höherem Anspruch
Vorbereitung auf das Abitur	- systematisch-methodische Aneignung fundierter fachlicher Kompetenzen in allen relevanten und thematisch komplexen Themenzusammenhängen gem. EPA-Anforderungen, um das Abitur zu bestehen	- Theaterunterricht (2 oder 3 Wochenstunden) - durch Intensivierung der Übungsabschnitte und Erweiterung der Spielinhalte auch für 5-stündigen Theaterunterricht einsetzbar

„Ja! Mach ich!"

Im Kurs Impro-Theater erlernt ihr wichtige Grundlagen der Improvisation.
Sie helfen, offen für alle Angebote zu werden und mit Präsenz und Achtsamkeit die Angebote der einzelnen Mitspieler wahrzunehmen und konstruktiv auf sie zu reagieren.
Die Offenheit für die Angebote und das „Sich-darauf-einlassen-Können" sind zentrale Merkmale einer guten Improvisation. Deshalb lautet auch der Schlachtruf des Improvisa-

tions-Theaters: **„Ja! Mach ich!"** Das soll heißen, dass ich mich auf alles einlasse, auch wenn ich zunächst das Gefühl habe, mit bestimmten Vorschlägen nichts anfangen zu können. Natürlich gilt das „Ja! Mach ich!" nicht für ungesetzliche oder unsittliche Handlungen oder alles, was ein Spieler oder eine Spielerin als zu intim oder zu peinlich empfindet. Das muss selbstverständlich von allen Mitspielern respektiert werden. Entscheidend für eine gute Improvisation ist, dass ihr nicht blockiert.

Während des Kurses entwickelt und übernehmt ihr zunehmend die Verantwortung für die Gruppe und den gemeinsamen Lernprozess. Ihr leitet beispielsweise verschiedene Übungen an und tragt so mehr und mehr die Verantwortung für das Gelingen der gemeinsamen Arbeit.
Für die Organisation und Anleitung eines Moduls ist jeweils ein Team zuständig. Hierbei ist es wichtig, sich die Übungen rechtzeitig durchzulesen, damit sie gründlich und gewissenhaft vorbereitet werden können (Material besorgen, Musik auswählen ...). In der Stunde erklärt dann das verantwortliche Team die Übungen, leitet sie an, motiviert und begeistert die Mitschüler und spielt - wenn möglich - selbst mit. Die Kursleitung steht unterstützend zur Seite.

Für die Arbeit in diesem Kurs ist - wie immer für das Theaterspiel - bequeme Kleidung wichtig. Am besten eignen sich neutrale schwarze Sachen, da spezielle Kleidung mit bestimmten Farben oder Aufdrucken vom Publikum sofort mit einer bestimmten Bedeutung belegt werden und auf der Bühne die darstellerischen Möglichkeiten einschränken.

Um wichtige Notizen zum Stand eurer Arbeit im Kurs festzuhalten, schafft ihr euch ein Notizbuch an, das ihr als Probentagebuch verwendet. Darin werden Kommentare zur Probenarbeit, Kritiken, Protokolle, Gedankensplitter, Skizzen zu interessanten Bühnenaufbauten, recherchiertes Material wie Zeitungsausschnitte oder Bilder, aber auch Fantasien und Ideen zum Stück festgehalten.

Aufbau und Nutzung des Kursbuchs Impro-Theater

› Die Module 1–5 trainieren wichtige Grundkompetenzen (Körper, Raum, Status, Sprache).
› Die Module 6–10 trainieren verschiedene Disziplinen mit unterschiedlichen Schwerpunkten (allein und mit mehreren Spielern gemeinsam, Publikumsbeteiligung, Musik, Geräusche, Timing, Lazzi ...).
› Das Modul 11 beschreibt die Chancen einer Hausarbeit als kreativer Klausur.
› Die Module 12–16 bereiten auf eine Impro-Show und/oder ein Impro-Match vor.
› Das Modul 17 beschreibt die Impro-Show/das Impro-Match.
› Modul 18 beschreibt die Nachbesprechung und Notengebung.

Die Themenauswahl in den einzelnen Modulen folgt der Überlegung, die in einer Improvisation enthaltenen unterschiedlichen Schwerpunkte bzw. theatralen Aspekte (Raum, Status, Bewegung, Sprache usw.) in den Fokus zu rücken und somit gezielter zu trainieren.

Ästhetische Vision
Ihr tretet auf die Spielfläche ohne Ideen für Figur, Raum, Thema und Dramaturgie.
Das Publikum macht Vorschläge.
Ihr spielt!

Impro-Theater

1 Was ist Impro-Theater?

Ihr sammelt erste Erfahrungen mit dem Impro-Theater und lernt die Grundregel: Nicht blockieren!

Aufwärmen

Wenn ihr euch noch nicht kennt, macht ein paar Spiele zum Kennenlernen, z. B.

Namen mit Bewegung (5 Min.)

Ihr lernt eure Namen kennen, baut Spielhemmungen und die Angst ab.

- Im Kreis.
- Eine Spielerin oder ein Spieler geht in die Mitte, stellt sich mit Namen vor und macht eine Bewegung.
- Ihr antwortet: „Hallo X." und macht die Bewegung, die die Person gezeigt hat.
- Einer nach dem anderen geht in den Kreis.

Begrüßung (5 Min.)

Ihr baut Kontaktängste ab und macht erste Erfahrungen mit euren neuen Partnern.

- Ihr geht mit Musik im Raum umher und auf ein Zeichen der Spielleitung begrüßt ihr möglichst viele Spieler auf unterschiedliche Art.

> Anregende Musik bereits beim Eintreten in den Probenraum zu spielen, signalisiert eine etwas andere Form von Unterricht. Der Rhythmus und die atmosphärische Qualität von Musik helfen bei vielen Übungen. Der Rhythmus wirkt anregend und fordernd und liefert Impulse, neue Handlungen zu beginnen.

Organisation (15 Min.)

Ihr bekommt einen Überblick über die Arbeit in diesem Kurs. → Weiterführende Literatur, S. 16: List, Elektronische Medien im Theaterunterricht

- Die Kursleitung informiert über Inhalte und Aufbau des Kurses.
- Ihr besprecht organisatorische Details.
- Die Kursleitung erstellt eine Kurs-Website mit wichtigen Inhalten, wie beispielsweise Aktuelles, Terminpläne, Materialien, Links.
- Lest die Aufgaben für die Leistungsnachweise im Theorie-Impuls auf den Seiten 13 bis 15.

Training

Ja! Mach ich! (10 Min.)

Ihr lernt Hemmungen abzubauen und nicht vorschnell etwas zu beurteilen.

- Alle stellen sich im Kreis auf.
- Der Reihe nach geht ein jeder in die Mitte und fragt z. B.: „Wollt ihr mit mir hüpfen?" Alle rufen laut im Chor „Ja! Mach ich!" und hüpfen.
- Danach ist der Nächste dran und fordert alle nach dem gleichen Muster auf, mit ihm eine Bewegungsaktion zu machen.

→ Theorie-Impuls, S.15

› Beginnt jede Trainingseinheit mit dieser Übung, da sie euch immer daran erinnert, euch auf alle Angebote einzulassen, mitzuspielen und nicht zu blockieren.
› In der anschließenden Feedback- und Reflexionsphase erläutert die Kursleitung, welche Bedeutung diese Übung hat und welche Kompetenz sie trainiert. Lest dazu auch den Abschnitt „Aktives Zuhören, teamfähig werden" des Theorie-Impulses am Ende dieses Moduls.

Die Forderung „Lasst euch auf alles ein und blockiert nicht!" gilt natürlich nur unter Beachtung von Sitte und Anstand und im Rahmen der geltenden Gesetze. Aber kein Ensemblemitglied, das seine Spielpartner mit angemessenem Respekt behandelt, wird Angebote machen, die einen anderen Spieler in eine peinliche Situation bringen. Sollte das doch einmal vorkommen, müssen Spielleitung und Gruppe sofort eingreifen.

Palaver (10 Min.)

Ihr erprobt die Situation bedingungsloser Zustimmung.

› Setzt euch im Raum paarweise gegenüber auf den Boden. Setzt euch so hin, dass ihr gut miteinander sprechen könnt.
› Auf Kommando der Spielleitung schließt ihr die Augen.
› Fangt alle gleichzeitig an, in normaler Lautstärke zu reden, so als ob ihr zu eurem Partner etwas sagen würdet.
› Was ihr redet, ist vollkommen gleichgültig. Ihr dürft nur nicht aufhören zu sprechen, bis die Spielleitung nach ca. drei Minuten laut „Stopp!" ruft. Am einfachsten ist es, irgendetwas Banales zu erzählen.

Befreit sprechen

Reflexion

› Sprecht paarweise darüber, wie ihr diese Übung erlebt habt.
› Setzt euch danach in einen großen Kreis und hört euch noch ein paar Erfahrungen an, die eure Mitspieler gemacht haben.

Ihr trainiert eure Kompetenzen umfassender und intensiver, wenn ihr in den Übungsphasen immer wieder andere Partner wählt und mit ihnen zusammenarbeitet. Es ist nicht hilfreich, immer wieder den gleichen Partner, die beste Freundin bspw. zu wählen, weil neue und immer wieder andere Spiel-Partner oft mehr inspirieren und Anregungen geben.

Assoziationskreis (10 Min.)

Ihr lernt eure Aufmerksamkeit auf euren Partner zu konzentrieren und spontan – ohne zu bewerten – zu agieren.

› Setzt euch in einen großen Kreis in Ellenbogenabstand nebeneinander.
› Einer dreht seinen Kopf nach links und nimmt Blickkontakt zu seinem linken Nachbarn auf. Im Moment der Drehung des Kopfes sagt der Erste – ohne nachzudenken – ein Wort, das ihm erst in diesem Moment einfällt. Das Wort darf nicht vorher ausgedacht sein.
› Der Zweite dreht anschließend sofort seinen Kopf zu seinem linken Nachbarn, nimmt Blickkontakt auf und sagt auch irgendein Wort, das ihm auch erst in diesem Moment einfällt und nicht vorher ausgedacht wurde.
› Dies geschieht mehrmals reihum.

Reflexion

› Was habt ihr festgestellt?
› Fiel euch die Übung leicht oder schwer?
› Konntet ihr immer Blickkontakt herstellen und halten?
› An welchen Stellen wurde assoziiert?
› Konntet ihr entdecken, wer kurz nachdachte und wer spontan reagierte?

Gestaltung

Kettengeschichte (10 Min.)

Ihr löst erste komplexe Improvisationsaufgaben als ganze Gruppe.

› Ihr bleibt weiter im Sitzkreis.
› Der Erste beginnt eine Geschichte zu erzählen, indem er den ersten Satz formuliert, z. B.: „Peter hatte eine schwere Nacht hinter sich." Diesen Satz spricht er auf die gleiche Weise wie in der vorangegangenen Übung: Kopf zum linken Nachbarn drehen, Blickkontakt suchen und den Satz sprechen.
› Der Zweite hört diesen Satz, dreht sofort seinen Kopf zu seinem linken Nachbarn und sagt spontan den zweiten Satz der Geschichte, der sich auf den ersten bezieht, z. B.: „Mit schweren Gliedern ging Peter ins Bad." usw. (mehrmals im Kreis herum)
› Auf diese Weise entsteht – indem jeder zu seinem Nachbarn einen Satz sagt – eine Geschichte, die noch niemals erzählt wurde. Jeder in der Gruppe ist mitverantwortlich für das Gelingen der Geschichte.
› Die Spielleitung entscheidet spontan, wer in der Runde den letzten Satz formuliert.

Reflexion

› Konntet ihr spontan die Geschichte konstruktiv fortsetzen?
› Kam die Geschichte manchmal ins Stocken? Wo und warum?
› Welche Passagen waren für euch am interessantesten und warum?

Kettengeschichte in einem Genre, jeder einen Satz (10 Min.)

› Dasselbe Setting wie vorher.
› Sammelt Genres (Textgattungen), die ihr kennt, z. B. Märchen, Western, Krimis, Liebesschnulzen usw.
› Wählt spontan ein Genre aus. (Später wird es so sein, dass immer der erste Vorschlag genommen wird. „Ja! Mach ich!")
› Nun beginnt ihr im ausgewählten Genre nach dem gleichen Muster wie oben – jeder einen Satz – reihum eine Geschichte zu erzählen. Selbstverständlich sind alle Klischees des Genres erlaubt, sogar sehr hilfreich. Also nutzt sie reichlich. Die Aufgabe ist, auch unter Verwendung der bekannten Klischees, noch schwer genug.
› Wer dran ist und keine Idee hat, gibt einfach an den Nächsten weiter und setzt aus. Später – in einer schwierigeren Version – scheidet derjenige aus dem Kreis ganz aus, dem nichts einfällt, der zu lange zögert, der „Äh" oder „Emm" sagt oder etwas wiederholt. Als Impro-Disziplin heißt diese Übung „Stirb!" Dabei darf das Publikum laut im Chor „Stirb!" rufen, wenn ein Spieler die Regeln nicht einhält. Der Spieler tritt dann nach vorne und fragt: „Durch welchen Gegenstand soll ich sterben?" Das Publikum macht Vorschläge und die Moderation sucht einen Gegenstand aus. Der Spieler stirbt nun in einer Mini-Darstellung sehr dramatisch und bleibt bis zum Ende der Disziplin auf dem Boden liegen.
› Die Spielleitung entscheidet spontan, nachdem die „Geschichtenproduktion" mehrmals im Kreis herumging, wer in der Runde den letzten Satz formuliert.

Reflexion

› Konntet ihr spontan die Geschichte konstruktiv fortsetzen?
› Kam die Geschichte manchmal ins Stocken? Wo und warum?
› Welche Passagen waren am interessantesten und warum?
› Sind alle wichtigen Klischees des Genres bedient worden?

Kettengeschichte in einem Genre, jeder nur ein Wort (10 Min.)

› Dasselbe Setting wie vorher.
› Vorschläge für ein Genre. Der erste Vorschlag wird genommen.
› Nun beginnt ihr im ausgewählten Genre nach dem gleichen Muster reihum eine Geschichte zu erzählen – jeder sagt jetzt nur noch ein Wort.
› Achtet darauf, dass eure Sätze kurz bleiben. Das erleichtert es, grammatisch sinnvolle Sätze zu bilden und hilft der Gruppe, den Überblick über das Geschehen zu behalten.
› Die Spielleitung entscheidet spontan, nachdem die „Geschichtenproduktion" mehrmals im Kreise herumging, wer in der Runde das letzte Wort hat.

Variationen:
› Jeder darf einen Satz sprechen. Bei jeder weiteren Geschichte lasst ihr eine Wortart weg. Zunächst benutzt ihr keine bestimmten Artikel (der, die, das) mehr. Im Folgenden könnt ihr bei jeder neuen Geschichte eine weitere Wortart weglassen, z. B. unbestimmte Artikel (ein, eine, einer), Konjunktionen (und, oder, aber, weil usw.), Adverbien, Adjektive, Negationen, Präpositionen (auf, an, hinter usw.), besitzanzeigende Pronomen (mein, dein, unser), Personalpronomen. Dies macht ihr so lange, bis ihr eine Geschichte nur noch mit einer Wortart, nämlich mit Interjektionen (Ausrufen) erzählt. Um diese zunehmend schwieriger werdende Aufgabe etwas zu erleichtern, geht es nicht mehr reihum, sondern derjenige ist dran, der einen Satz fortsetzen kann.

Reflexion

Ihr werdet euch grundlegender Aspekte von Improvisationsprozessen bewusst.

- Konntet ihr spontan die Geschichte konstruktiv fortsetzen?
- Kam die Geschichte manchmal ins Stocken? Wo und warum?
- Welche Passagen waren für euch am interessantesten und warum?
- Sind alle wichtigen Klischees des Genres bedient worden?

Trainiert, während der Übung eure Aufmerksamkeit auf das bereits Gesagte zu richten, und fokussiert euch auf den Impuls eures rechten Nachbarn. Auf diesen müsst ihr konstruktiv reagieren, ohne das bereits Gesagte aus den Augen zu verlieren.

Hausaufgabe

- Lest den Theorie-Impuls zu diesem Modul.
- Tragt euch auf eurer Website als Spielleitung für die Module ein und legt die Spielleitung des nächsten Moduls fest.

Fakultativ:

→ Weiterführende Literatur, S.16

- Lest in den nächsten vier Wochen das Buch von Marianne Miami Andersen „Theatersport und Improtheater". Sucht euch mehrere Übungen und Disziplinen aus, die ihr der Gruppe vorstellen oder die ihr anleiten wollt, wenn ihr die Spielleitung für ein Modul übernehmt.

→ Weiterführende Literatur, S.16: Tonscheidt, Portfolio-Arbeit

- Sucht eine Schule, die mit euch ein Impro-Match veranstalten könnte. Legt eine Liste an und teilt euch entsprechende Schulen zu, die ihr anfragen wollt. Die Planung, Durchführung und Dokumentation eines Theatersport-Matchs könnte auch ein Thema für eine Hausarbeitsklausur sein, wobei sich eine Dokumentation in Form eines Portfolios anbietet.

→ Links, S.16

- Schaut euch den siebenminütigen Film „Impro-Theater" an: https://angewandte-theaterforschung.de/kursbuch-impro-theater/

Abschluss

Ein gemeinsamer Satz (5 Min.)

Ihr zeigt, dass ihr als Teil des Ensembles konstruktive Angebote machen könnt.

- Setzt euch in einen Kreis.
- Der Reihe nach sagt jeder ein Wort, sodass ein sinnvoller Satz entsteht. Der Satz der Gruppe soll zum Ausdruck bringen, wie sie das Training heute empfunden hat.
- Ist die Gruppe mit dem ersten Satz unzufrieden, darf sie so lange versuchen, einen Satz zu bilden, bis sie zufrieden damit ist.

Fachbegriffe und Theorie-Impuls

Die Bedeutung der Improvisation

Menschen improvisieren, von Anbeginn. Unser Alltag ist immer wieder, manchmal sogar über weite Strecken, dominiert von *Improvisationen*. Wir kommen immer wieder in Situationen und Konflikte, die wir nicht durch einen vorher gefassten Plan, sondern spontan, mit den uns in diesem Moment zur Verfügung stehenden Mitteln und Ressourcen bewältigen

müssen. Wer solchen Situationen offen gegenübertritt und sich auf sie einlässt, hat die besten Chancen, sie in seinem Sinne erfolgreich zu nutzen. Er kann auch scheitern.
Unser Kopf lässt gern alte Filme ablaufen. Das heißt, wir verlassen ungern gewohnte Denkpfade. Das ist einfach und gibt uns Sicherheit. Diese Haltung blockiert unsere Fantasie und verhindert Kreativität. Fantasie und Kreativität sind aber entscheidende Ressourcen für die Bewältigung von Problemen – individuell, gesellschaftlich und global.
Im Theater ist das *Improvisieren* eine wichtige *Methode*, um Material zu generieren, das anschließend weiter verwendet und gestaltet wird. Die moderne Theaterszene benutzt die *Improvisation* auf vielfältige Art und Weise, auch bei offiziellen Aufführungen.
Aus der *Methode der Improvisation* hat Keith Johnstone ein eigenständiges Theatergenre entwickelt, das *Impro-Theater* bzw. den *Theatersport*. Den Begriff *Theatersport* hat er sich rechtlich schützen lassen.

Was ist Impro-Theater?

Improvisationstheater, kurz *Impro-Theater*, heißt: Spieler gehen ohne Plan, ohne Konzept auf die Bühne und spielen eine Szene. Der Impuls kommt vom Publikum. Oft spielen Musiker spontan dazu, untermalen oder geben auch Impulse für das Spiel. Die Szenen sind einmalig. Jede neue Improvisation ist anders. Im Wesen dieses Spiels liegt es, dass man auch scheitern kann. Scheitern ist normal. Es ist keine Katastrophe. Der Impro-Spieler kommt immer wieder, versucht es erneut. Jedes Scheitern bedeutet eine neue Chance.

→ **Weiterführende Literatur, S. 16**

Gut spielen zu wollen, führt oft zur *Blockierung*: „Damals gilt, was heute gilt: Bin ich inspiriert, geht alles gut, doch versuche ich es richtig zu machen, gibt es ein Desaster."
(vgl. Keith Johnstone: Improvisation und Theater)
Das moderne *Improvisationstheater* gründet auch auf der *Commedia dell'Arte* und benutzt einige typische Elemente, z. B. die *Lazzi*.

→ **Modul 12, S. 78 ff.**

Impro-Theater ist eine flüchtige, schnelle Form von Theater. Es dient hauptsächlich der Unterhaltung des Publikums, weniger der Darstellung hochkomplexer philosophischer Themen und komplizierter Personenkonstellationen. Es lehnt sich im Genre laut Johnstone eher an das Format des *Wrestlings* an. Die Darsteller bieten eine Kampfshow, bei der sich die Kontrahenten nicht tatsächlich bekämpfen, sie tun nur so, dies aber auf einem deutlich sichtbaren sportlichen Niveau. Es ist ein Spiel. Es obliegt dem Publikum, die Illusion anzunehmen und „mitzuspielen". Dabei beschränkt sich das *Improvisationstheater* keinesfalls auf *Stereotypien* oder *Klischees*.

→ **Modul 6, Theorie-Impuls, S. 48 f.**

Impro-Theater ist *Ensemblespiel*, ist Teamarbeit. Jeder inspiriert jeden. Jeder macht Angebote, jeder geht auf Angebote ein. Keiner blockiert. Szenen sind lustig, haben *Pointen*. Szenen sind traurig, machen nachdenklich. Szenen beschreiben *Konflikte* oder *Zustände*. Szenen verlieren sich in Langeweile, steigern sich in einem *Running-Gag* oder explodieren förmlich in ihrer *Dynamik*.
Impro-Theater hat eine Vielzahl von sogenannten *Disziplinen* entwickelt. Diese Disziplinen sind Impros, die einen bestimmten Rahmen vorgeben, in dem eine Szene gestaltet wird.

Was ist Theatersport?

Theatersport beschreibt einen sportlich fairen Wettkampf von zwei oder mehreren Impro-Gruppen um die besten Improvisationen. Das Publikum entscheidet. Es gibt viele Spielarten von Theatersport-Veranstaltungen. So kann ein *Schiedsrichter* als Figur das Publikum durch Vergabe von Extrapunkten für besondere Improvisationen sensibilisieren oder auch mal eine eklatante Fehlentscheidung treffen, sodass er vom Publikum mit den beim Eintritt ausgegebenen feuchten Schwämmen bombardiert werden kann. Die ebenfalls ausgegebenen Rosen darf das Publikum auf die Bühne werfen, wenn eine Szene besonders gefällt.

Aktives Zuhören, teamfähig werden

Zwei Menschen begegnen sich. Der eine erzählt von seinem Unfall; er brach sich ein Bein. Der Zweite greift dieses Thema sofort auf – noch bevor der andere seine Geschichte fertig erzählt hat – und erzählt von einem Unfall, den er einmal hatte. Er blockiert die Geschichte seines Gesprächspartners und setzt seine eigene Geschichte fort.
Wir alle kennen solche Situationen. Sie sind letztlich unbefriedigend für alle Beteiligten. Der Ersterzähler und Impulsgeber ist frustriert, weil er seine Geschichte nicht zu Ende erzählen kann, der andere vielleicht später, wenn er merkt, dass keiner mehr sich mit ihm unterhalten mag, weil er so dominant ist.
Um wie viel schöner ist folgende Situation: Zwei begegnen sich. Der Eine erzählt seine Geschichte, der Andere hört erst einmal zu und versucht, mitzudenken, sich einzufühlen. Er nickt, er lächelt, er ist betroffen und zeigt, dass er *aktiv zuhört*, d. h., er gibt dem Erzähler mimisch-gestisch eine deutliche Rückmeldung und zeigt so, dass er an der Erzählung interessiert ist. Das gefällt dem Erzähler, er fühlt sich verstanden und angenommen. Es wird ihn anspornen, weiter und ausführlicher zu erzählen. Anschließend tauschen beide die Rollen, indem nun der vormals *aktive Zuhörer* etwas zu diesem Thema beiträgt und der andere in die Rolle des *aktiven Zuhörers* geht. Beide befinden sich nun in einer verständnisvollen Beziehung, haben sich gegenseitig als wertschätzende Zuhörer und vielleicht auch als interessante Erzähler kennengelernt.
Unser Alltagsverhalten ist oft geprägt von unseren Wünschen und Interessen, die wir uns erfüllen möchten oder die wir durchsetzen wollen. Allzu oft wird dabei der Blick für die Bedürfnisse des Anderen getrübt, wir erblinden sozial.
In beruflichen Kontexten wird – aufgrund der Komplexität der zu bewältigenden Aufgaben – zunehmend *Teamarbeit* gefordert. Hier werden *soziale Kompetenzen*, z. B. *aktives Zuhören*, zu *Schlüsselkompetenzen*. Ohne diese lassen sich berufliche, aber auch andere Aufgaben nur noch schwer oder gar nicht lösen.
Improvisationstraining fördert diese Schlüsselkompetenzen. Es hilft dem Einzelnen, seine Rolle im Team, in der Gruppe, in der Familie, im Freundeskreis besser zu erkennen und bewusster wahrzunehmen.
Bühnenästhetik und *Bühnenwirkung* beruhen in hohem Maße auf dieser Kompetenz.

Impro-Spieler zeichnet aus:

1. Sie sind achtsam und präsent.
2. Sie nehmen Angebote an.
3. Sie blockieren nicht.
4. Sie wollen nicht witzig sein.
5. Sie wollen „mittelmäßig" sein. (Keith Johnstone)
6. Sie übernehmen Verantwortung für die Szene.
7. Sie spielen mit Klischees, sie brechen Klischees. (Z. B. Sie schenken dem Dieb etwas. Lieben ihre Peiniger. Schubsen die Oma vors Auto.)
8. Sie bitten um Hilfe, sie lassen sich helfen.
9. Sie scheitern.
10. Sie kommen wieder.

WEITERFÜHRENDE LITERATUR/LINKS

› Andersen, Marianne Miami: Theatersport und Improtheater. Impuls-Theater-Verlag, Planegg 1996.
› Johnstone, Keith: Theaterspiele. Spontaneität, Improvisation und Theatersport. Alexander Verlag, Berlin 2009.
› Johnstone, Keith: Improvisation und Theater. Alexander Verlag, Berlin 2008.
› List, Volker/Pfeiffer, Malte: Kursbuch Darstellendes Spiel. Grundkurs 1, Modul 4: Einführung in die Improvisation. Ernst Klett Verlag, Stuttgart 2009, S. 20–24.
› Ebenda: Modul 9: Szenische Improvisation, S. 37–39.
› List, Volker: Elektronische Medien im Theaterunterricht. In: Spiel & Theater, Deutscher Theaterverlag, Weinheim 2010, Heft 186.
› Meyer, Karl-A. S.: Improvisation als flüchtige Kunst. Schibri-Verlag, Berlin 2008.
› Spolin, Viola: Improvisationstechniken. Junfermann Verlag, Paderborn 2005.
› Tonscheidt, Bettina: Portfolio-Arbeit im Theaterunterricht. In: Spiel & Theater, Deutscher Theaterverlag, Weinheim 2011, Heft 187, S. 6–9.
› Vlcek, Radim: Workshop Improvisationstheater. Auer Verlag. Donauwörth 2000.
› https://angewandte-theaterforschung.de/kursbuch-impro-theater/
› www.pegasus-theater.de
› www.theatersport-freiburg.de/theatersport.htm
› www.volkerlist.de

2 Räume kreieren

Ihr erprobt und trainiert die Möglichkeiten, ohne sekundäre theatrale Mittel (wie Kostüme, Requisiten, Kulissen, Ton und Licht), Räume zu kreieren. Ihr gestaltet nur mit Hilfe eurer Körper und eures Körperausdrucks eine imaginierte Szenografie, in der ihr gleichzeitig auch Figuren spielt.

Aufwärmen

Szenisches Aufwärmen mit Genremusik und Feedback (10 Min.)

› Nach Musik improvisiert ihr mithilfe von Anweisungen der Spielleitung Szenarien, in denen ihr euch möglichst viel bewegt, um euren Körper für das Theaterspiel aufzuwärmen (beim ersten Treffen gibt die Kursleitung die Anweisungen, später das Aufwärm-Team).
› Die Spielleitung erläutert bei leise laufender Musik die Eingangsszenerie. Ihre Anweisungen dienen dazu, das Ensemble in Bewegung zu bringen, z. B.: Wir befinden uns im 16./17. Jahrhundert, du bist zwölf und von zu Hause ausgerissen, willst zur See fahren und hüpfst am Hafen am Kai entlang (alle hüpfen am imaginierten Kai entlang), erblickst ein Schiff (alle erblicken das Schiff) und erstarrst (alle erstarren) usw. Die Geschichte läuft auf einen Höhepunkt zu, indem sich das Ensemble intensiv bewegen muss: Ein Piratenschiff läuft aus, der blinde Passagier wird entdeckt und wird schließlich auch ein Seeräuber, dann das erste Entern eines fremden Schiffes …
› Die Spielleitung kreiert Bewegungsanweisungen, die das Aufwärmen ermöglichen, gleichzeitig die darstellerischen Kompetenzen trainieren und Hemmungen abbauen. Dabei achtet sie auf folgende Aspekte:
- Sie erzählt wenig, sondern liefert nur die nötigen Informationen.
- Sie gibt konkrete Bewegungsanweisungen und lässt die Spieler möglichst alle Gliedmaßen bewegen.
- Nach langsamem Beginn erhöht sie das Tempo, sodass alle ins Schwitzen kommen.
- Sie gibt Anweisungen für wechselnde Team- und Gruppenaktionen.

› Ensemble und Kursleitung geben dem Aufwärm-Team Feedback. Überprüft dabei, ob die als wesentliche Aspekte des Aufwärmens beschriebenen Kriterien erfüllt sind. Formuliert Wünsche und gebt so dem nächsten Aufwärm-Team die Möglichkeit, den Bedürfnissen des Ensembles für ein anregendes Aufwärmen noch besser nachzukommen.

Gehen auf imaginierten Untergründen (5–7 Min.)

Ihr trainiert, den Raum mit euren Füßen zu erfahren.

› Lauft los mit Tempo 40 (0 = still stehen und 100 = schnellstes Rennen).
› Die Spielleitung gibt euch der Reihe nach unterschiedliche Bodenbeschaffenheiten vor und eure Aufgabe ist es, eure Art zu gehen, diesem Boden anzupassen, und zwar so, dass ein Zuschauer erkennen kann, worauf ihr lauft. Ihr stellt euch vor, ihr lauft barfuß. Ihr dürft auch Geräusche machen.
› Vorgaben: eine Asphaltstraße (mit vereinzelten kleinen Steinchen), frisch gemähter dichter Rasen, weiches Moos, Schlick, Sand, Kies, Geröll, eine Müllhalde, sehr heißer Sand, kühles Wasser eines kleinen Baches, glühende Kohlen, Schlachtfeld mit Toten, Honig, ein Schwebebalken, eine morsche Hängebrücke ohne Geländer usw.

Grundlagen

Organisation

Ihr bekommt einen Überblick über die Arbeit in diesem Modul.

› Die Spielleitung stellt kurz das Thema und den Ablauf des Moduls vor.

Imaginierte Orte durchlaufen (10 Min.)

Ihr trainiert eure Imaginationskraft und euren Körperausdruck.

› Lauft los mit Tempo 40.
› Die Spielleitung gibt euch der Reihe nach unterschiedliche Orte vor und eure Aufgabe ist es, euch durch diese Orte zu bewegen, und zwar so, dass ein Zuschauer erkennen kann, wo ihr euch befindet. Ihr dürft dabei auch Geräusche machen und sprechen. Bleibt bei euch, jeder spielt für sich alleine, kein Ensemblespiel.
› Vorgaben: Innenstadt mit Gedränge, Tennismatch, Kirche, Süßigkeiten-Messe, Beerdigung, Hochzeit, Bordell, Kindergarten, Weide mit nicht ganz zahmen Tieren, Encierro (Stierlauf) in Pamplona, Fußballländerspiel, ein Korallenriff (10 m unter Wasser), Streichelzoo mit vielen ganz jungen Tieren, enger Aufzug mit zu vielen Leuten, dunkle Gasse in einem üblen Viertel, auf einem Berg mit schöner Aussicht, mitten auf einer stark befahrenen Autobahn oder Rennstrecke …

Reflexion

› Was hat besonders gut geklappt?
› Wie wird das Gehen glaubwürdig?

Gestaltung

Imaginierte Orte bespielen (40 Min.)

Ihr lernt einen imaginierten Ort als Ensemble „sichtbar“ zu machen und einen Fokus zu bestimmen.

› Die Spielleitung gibt euch der Reihe nach unterschiedliche Orte vor und eure Aufgabe ist es, als ganzes Ensemble diese Orte vor dem geistigen Auge des Publikums durch euer Spiel entstehen zu lassen. Alle Kulissen oder Requisiten stellt ihr mit euren Körpern dar.
› Macht Geräusche, sprecht und tut alles, was die Illusion befördert.
› Improvisiert typische Figuren, die sich an den jeweiligen Orten aufhalten, z. B. einen Pfarrer, Trauergäste und Friedhofspersonal bei einer Beerdigung; Mechaniker, Rennfahrer, Boxenluder bei einem Autorennen usw.
› Stellt mit euren Körpern typische Kulissen dar, z. B. eine Schwingtür in einem Saloon.
› Hat die Spielleitung einen Ort genannt, dann spielt nicht hektisch drauflos, sondern bleibt zunächst ganz ruhig. Versucht, den Ort vor eurem geistigen Auge entstehen zu lassen. Bewegt euch zunächst nur ganz langsam und unternehmt „kleine Handlungen“ (vgl. Konstantin S. Stanislawski: Die Arbeit des Schauspielers an sich selbst), die man an diesem Ort ausüben kann und die vielleicht sogar typisch für diesen Ort sind.
› Nutzt euren peripheren Blick, um euch einen Überblick über die Szenerie zu verschaffen. Hat ein Mitspieler durch sein pantomimisches Handeln schon einen Tisch in den Raum platziert, dann seht ihr diesen auch, und wenn der Tisch bedeutsam für diesen Ort ist, dann bespielt ihn. Sucht Spielpartner.
› Geht auf Angebote ein, macht aber selbst zunächst wenige Angebote, bis klar ist, wer welche Rolle spielt (So gibt es keine drei Bräute bei einer Hochzeit oder keinen Bus, der in verschiedene Richtungen fährt.). Ändert schnell eure Angebote, wenn ihr seht, dass sie nicht passen.
› Bringt eure kleine Szene zu einem Ende, das typisch für diesen Ort ist.
› Spielt so, dass das Publikum einen guten Einblick in euren Ort, in eure Szenerie hat.

⟶ Weiterführende Literatur, S. 22

› Wenn ihr ins Spiel gefunden habt, dann sucht in eurer Improvisation nach dem Fokus.
› Immer nur eine Figur spricht oder agiert auffallend.
› Alle anderen unterstützen die Aktion, bei der gerade der Fokus ist. Entweder sie sind ruhig, bewegen sich nicht oder sehr zurückgenommen, aber hoch präsent oder sie agieren beispielsweise chorisch – aber immer auf den Fokus bezogen.
› Zu viele unterschiedliche Aktionen gleichzeitig verwirren das Publikum.
› Vorgaben: Bootcamp mit ständig wechselnden Drill Sergeants, Windsurfschule, Boxtrainingslager, Bibliothek, meditatives Zentrum in Fernost, Fließband, Rennstall während eines Autorennens, Wellness-Zentrum, Wochenmarkt in einer Kleinstadt, Vorstandssitzung einer großen Bank, Mafiawohnung, Zugabteil…
› Abwechselnd übernehmen immer zwei andere Spieler die Zuschauerrolle und geben der Gruppe nach jedem neuen Ort ein Feedback:
- Wurde der Ort schnell über typische Merkmale sichtbar?
- Wie hat die Gruppe das hergestellt?
- Hatte die Gruppe schnell (oder überhaupt) einen Fokus?
- Wie kam der Fokus zustande?
- Hat der Ort das Geschehen geprägt?
- Auf welche Weise?

Spielt alles! (15 Min.)

› Jemand liest eine kleine Geschichte, einen Zeitungsartikel o. Ä. vor. Spontan illustrieren alle Spieler die Szenerie, indem sie die Orte, die Gegenstände, die Personen mit ihren Körpern darstellen.

Imaginierte Wahrnehmung trainieren

Reflexion

› Sprecht darüber, welche Gegenstände ihr mit euren Körpern spielen könnt und bei welchen Gegenständen das schwierig bzw. unpassend ist.

Ein benanntes Technik-Team unterstützt die auf der Spielfläche erzeugte Raumillusion durch Geräusche- und Musikeinspielungen. Hierzu ist es hilfreich, auf dem Desktop eines Rechners einige Dateien mit klischeehaften Geräuschen (Vogelgezwitscher, Meeresrauschen, Telefonklingeln usw.) abzulegen, um sie bei Bedarf sehr schnell und passend zur Szene abspielen zu können.

Hausaufgabe

› Schreibt euch drei bis fünf verschiedene Orte auf und jeweils fünf bis sieben typische Merkmale dieser Orte (Merkmale, an denen man die Orte möglichst schnell erkennen kann).
› Informiert euch über die Begriffe Klischee, Stereotypie und Vorurteil.
› Die Spielleitung des nächsten Moduls wird festgelegt und bereitet sich vor, das Modul anzuleiten.
› Lest den Theorie-Impuls zu diesem Modul.

Fakultativ:

→ Weiterführende Literatur, S. 22

› Lest auch den Theorie-Impuls zum Thema Improvisation im Kursbuch Darstellendes Spiel.

Abschluss

Ein gemeinsamer Satz – an unterschiedlichen Orten (5 Min.)

Ihr trainiert eure Raumvorstellungskraft und agiert ortsbezogen.

› Entwickelt nach dem Muster des Abschlusses im Modul 1 einen Satz (jeder ein Wort) und sprecht ihn mehrmals.
› Anschließend sucht sich jeder einen anderen Platz im Raum, wobei jede Stelle des Raumes erlaubt ist, und imaginiert dort einem bestimmten Ort, z. B. Angst machende Gruft, Fischmarkt in Hamburg, Lachseminar, im Gericht als Angeklagter usw. Anschließend spricht jeder der Reihe nach den ganzen Satz in einer solchen Weise, dass später jeder erraten kann, an welchem imaginierten Ort sich der Sprecher befand.

Fachbegriffe und Theorie-Impuls

Räume im Impro-Theater

Impro-Theater arbeitet mit stark reduzierter *Szenografie*. Die Räume, in denen sich die Spieler bewegen, sind imaginiert. Es gibt keinen *Kulissenaufbau*, wenige *Requisiten*, keine *Kostüme*, kaum spezielles *Licht* oder *Geräuscheinspielungen*.
Die Räume im Impro-Theater entstehen vorrangig durch das körperliche Spiel der Darsteller. Aus ihren meist *pantomimischen* Handlungen erschließt der Zuschauer den Ort.

Beispiele:

→ Modul 4, S. 31 ff.

→ Modul 8, S. 55 ff.

› Ein Darsteller schaut auf der Spielfläche suchend umher, entdeckt etwas auf dem Boden (klare *Blickfokussierung*), auf seinem Gesicht zeigen sich Freude und Verzückung. Er bückt sich und zeigt pantomimisch das Pflücken einer Blume. Natürlich kann hier Vogelgezwitscher aus dem Off bspw. die *Raum-Imagination* einer Wiese unterstützen.

› Ein Darsteller betritt eine imaginierte religiöse Stätte. Er zeigt eine ehrfürchtige Haltung durch *Körperausdruck* und eine bestimmte Arm-/Handhaltung, die zeigt, dass er betet. Das Publikum assoziiert Kirche, Moschee, Tempel usw.

› Um dem Publikum das Imaginieren der Räume zu erleichtern, zeigen die Darsteller meist *klischeehafte Handlungen*. Das sind Handlungen, die Menschen eines bestimmten Kulturkreises schnell erkennen, verstehen und zuordnen können, weil sie diese sehr oft gesehen oder auch selbst ausgeführt haben und sie ein recht bekannter Bestandteil einer Kultur sind.

→ Modul 12, S. 78 ff.

› Das Spielen von Klischees ist einfach und erleichtert den Zugang zur Darstellung, aber klischeehaftes, eindimensionales Spiel ermüdet auf Dauer. Deshalb müssen Klischees immer wieder gebrochen werden.

› Beim Kreieren eines Raumes auf der Spielfläche ist es hilfreich, sich zunächst zu vergegenwärtigen, welche besonderen und typischen Merkmale diesen Raum auszeichnen und woran ein Betrachter ihn schnell auch als solchen erkennt. Diese Merkmale werden anschließend mit Hilfe von Handlungen oder *körpersprachlicher Darstellung* in diesem *imaginierten Raum* sichtbar gemacht.

› Darsteller lassen sich manchmal dazu verführen, diese *klischeehaften Raumkonstituenten* sprachlich zu benennen, weil das einfacher ist, als sie durch eine Handlung für das Publikum sichtbar werden zu lassen.

Beispiel: „Deutscher Film mit deutschen Untertiteln"

› Wir nehmen noch einmal das Beispiel mit der Blumenwiese. Ein Spieler zeigt pantomimisch das Pflücken einer Blume und sagt dazu: „Ach, ist das hier aber eine schöne Blumenwiese. Und so viele Blumen, die ich alle noch pflücken kann." Er doppelt seine Aussage, indem er das, was er pantomimisch zeigt, noch einmal sprachlich beschreibt. Damit löst er das kleine Rätsel für das Publikum, an welchem Ort die Handlung stattfindet, sehr früh auf. Das Publikum ist unterfordert und enttäuscht.

→ Weiterführende Literatur, S. 22: Schmidt, Beleuchtung von Wolfgang Isers Leerstellen

Eine für das Publikum interessante Spielweise lässt den Raum nach und nach entstehen, sodass es eine Weile gespannt raten kann, wo die Handlung stattfindet und wie der geschaffene Raum das Geschehen beeinflusst.

Mit Licht gestalten

Die *Lichtregie* während einer Impro-Show ist einfach. Die Spielfläche ist grundsätzlich hell ausgeleuchtet. Es gibt einige Ausnahmen, in denen spezielles *Licht* die szenische Darstellung unterstützen kann. Auch hier folgt das *Licht* dem Klischee. Spielt die Szene in einem Kellerloch, fährt die Regie das *Licht* herunter. Eine Szene im Rotlicht-Milieu wird rot eingefärbt und eine klare Mondnacht blau, Aliens und Zombies bekommen grünes Licht, Blitze werden angedeutet durch kurzes und schnelles Hochziehen der Spots.
Dramaturgisch kann das *Licht* den Spielern, die bei einer Szene kein Ende finden, durch kurzes Auf und Ab des Schiebereglers für das Grundlicht ein Signal geben, zügig zum Ende zu kommen, bevor Langeweile beim Publikum aufkommt.

Checkliste: Typische Fehler bei der Raumerzeugung vermeiden

- ☐ Achtet darauf, dass alle Spieler bestimmte Setzungen für einen Raum oder für die Nutzung eines Raumes, die ein anderer Mitspieler bereits vornahm, akzeptieren.
- ☐ Alle Spieler halten sich an diese Setzungen und beziehen sie in ihr Spiel ein.
  (Stellt ein Darsteller z. B. etwas auf einem imaginierten Tisch in der Raummitte ab, dann müssen alle Mitspieler diesen Tisch auch sehen und akzeptieren; müssen um ihn herumlaufen, können etwas imaginiert abstellen oder ihn weg tragen.
  Ähnlich ist es mit imaginierten Türen auf der Spielfläche. Wird von einem Spieler eine Tür „eingeführt", dann darf allen anderen Mitspielern nicht entgehen, wo die Tür, wo der Türgriff ist und in welche Richtung sie geöffnet wird.
  Auch die pantomimisch gezeigte Entnahme eines Buches aus einem imaginierten Bücherregal bestimmt damit sehr genau, wo sich das Bücherboard im Raum befindet.)
- ☐ Bittet die Spielpartner um Hilfe für Orientierung im Raum. (Da improvisierte Szenen manchmal hektisch und turbulent werden, vergessen Spieler zuweilen diese Raumsetzungen. In diesem Fall können sie einfach den Spielpartner um Hilfe bitten, der die Raumsetzung vorgenommen hat, z. B. fragen sie: „Wo hast du das Buch gerade hingestellt?" oder „Wo geht's hier raus?" bzw. „Wie geht die Tür noch mal auf?") Solche Situationen wirken manchmal unfreiwillig komisch und sie erzeugen eine entsprechende Publikumswirkung. Zuschauer wollen Darsteller auch scheitern sehen.

WEITERFÜHRENDE LITERATUR/LINKS

› Klepacki, Leopold (Hg.) u. a.: Schultheater 5. Raum. Friedrich Verlag GmbH, Seelze 2011, Heft 5/11.

› List, Volker/Pfeiffer, Malte: Kursbuch Darstellendes Spiel. Grundkurs 1, Modul 3: Raum wahrnehmen und beschreiben. Ernst Klett Verlag, Stuttgart 2009, S. 17 – 19.

› Ebenda: Grundkurs 1, Modul 4: Improvisation, S. 22 f.

› Ebenda: Grundkurs 1, Modul 8: Bühnen- und Theaterräume, S. 33 – 36.

› Ebenda: Aufbaukurs 2, Modul 6: Raumkonzept und Atmosphäre, S. 203 – 205.

› Schmidt, Greta: Beleuchtung von Wolfgang Isers Leerstellen bei Oliver Reeses „Bartsch, Kindermörder". Ludwig-Maximilians-Universität München (Theaterwissenschaft). Archivnummer: V 151935. München 2010.

› Stanislawski, Konstantin S.: Die Arbeit des Schauspielers an sich selbst. Tagebuch eines Schülers. Teil 2. Die Arbeit an sich selbst im schöpferischen Prozeß des Verkörperns. Henschel Verlag, Berlin 1981, S. 336.

› www.de.wikipedia.org/wiki/Pantomime

› www.grin.com/e-book/151935/beleuchtung-von-wolfgang-isers-leerstellen-bei-oliver-reeses-bartsch

› www.improwiki.de/improtheater

› www.sport.uni-augsburg.de/studium/skripten/praxis/stillger/kon/Pantomime1.pdf

3 Status zeigen

Ihr erkennt die Wirkung des Status auf das Verhalten von Figuren und erzeugt bewusst gestaltend verschiedene Wirkungen durch Veränderungen eures Status.

Aufwärmen

Szenisches Aufwärmen mit Genremusik und Feedback (10 Min.)

› Beginnt mit einem szenischen Aufwärmen nach dem Muster, wie es im Modul 2 auf Seite 17 beschrieben ist, und trainiert eure Imaginationskraft, achtet auf die Spielangebote eurer Partner und vor allen Dingen trainiert, nicht zu blockieren, wenn euch ein Spielangebot gemacht wird. Ihr könnt aber auch die folgende Übung zum Aufwärmen benutzen.

Der Plural von Status heißt Status, allerdings mit lang gesprochenem „U“.

Evolution – höchster Status gewinnt

Ihr trainiert einfachen, klischeehaften körpersprachlichen Ausdruck für unterschiedliche Status.

› Basis ist das Spiel „Stein (Faust), Schere (zwei gespreizte Finger), Papier (flache Hand)“. Stein schlägt Schere, Schere schlägt Papier, Papier schlägt Stein.
› Ihr bewegt euch in einer der folgenden Entwicklungsformen durch den Raum:
- Amöben: Ihr geht in die Hocke oder legt euch flach auf den Boden und macht vor eurem Brustkorb Schwimmbewegungen. Dabei gebt ihr laut schlürfende Geräusche von euch.
- Hühner: Ihr geht in die Hocke und formt mit angewinkelten Armen schlagende Flügel; dabei gackert ihr.
- Grizzlys: Ihr stapft leicht gebeugt und brüllend wie ein Bär durch die Gegend.

Klarer Status durch klischeehaften Körperausdruck

- Samurais: Ihr schwingt euer Schwert links und rechts vor euch her und ahmt das zischende Geräusch nach.
- Die Weisen: Die Weisen haben die oberste Stufe der Evolutionsleiter erreicht und müssen nicht mehr kämpfen, wenn sie auf ihresgleichen treffen. Geht bedächtig am Spielfeldrand, kratzt euch nachdenklich am Kinn und betrachtet das Treiben.

› Alle beginnen auf der ersten Stufe der Evolutionsleiter als Amöben. Jedes Mal, wenn ihr auf jemanden der gleichen Entwicklungsstufe trefft, spielt ihr „Stein, Schere, Papier".
› Wer das Spiel gewinnt, steigt in der Evolutionsleiter eine Stufe nach oben, wer verliert, steigt eine Stufe ab. Wer auf der untersten Stufe (als Amöbe) bei „Stein, Schere, Papier" verliert, kann nicht weiter absteigen und bleibt auf dieser Stufe stehen. Wer die höchste Stufe (Weise) erreicht hat, hat die Evolutionsleiter erklommen.

Devolution – niedrigster Status gewinnt

› Macht die Übung „Evolution" jetzt rückwärts.
› Alle beginnen mit dem höchsten Status, als Weise, die bedächtig und ruhig umhergehen und sich den langen weißen Bart streichen. Dabei könnt ihr sinnierende Brummgeräusche von euch geben.
› Trefft ihr auf einen anderen Weisen – was ja nicht schwer ist –, dann spielt ihr „Stein, Schere, Papier". Wer verliert, steigt auf der Devolutionsleiter eine Stufe ab, der Gewinner steigt eine Stufe auf bzw. bleibt auf der Stufe des Weisen und sucht die nächste Begegnung.
Analog der Übung „Evolution" rutscht ihr langsam durch die verschiedenen Stufen der Evolution, jetzt aber rückwärts in immer niedrigere Entwicklungsstufen. Sind die meisten Spieler auf der untersten Status-Stufe angekommen und gibt es keine „Kampfpaarungen" mehr, dann ist die Übung beendet.

Organisation

Ihr bekommt einen Überblick über die Arbeit in diesem Modul.

› Die Spielleitung stellt kurz das Thema und den Ablauf des Moduls vor.

Training

Bewegen mit verschiedenen Status (5–7 Min.)

Ihr trainiert Ausdrucksformen verschiedener Status.

› Lauft los mit Tempo 40 (0 = still stehen und 100 = schnellstes Rennen).
› Die Spielleitung gibt euch der Reihe nach unterschiedliche Tempos und Status von 1 bis 5 vor. (1 = extrem hoch, 5 = extrem niedrig)
› Ihr bewegt euch entsprechend im Raum, nonverbal (es wird nicht geredet).

Reflexion

› Mit welchen Mitteln wurde der Status körpersprachlich umgesetzt?
› Woran konnte man besonders gut erkennen, ob jemand Hoch- oder Tiefstatus hat? Was ist ganz typisch für den jeweiligen Status?
› Sammelt die entsprechenden körpersprachlichen Mittel und schreibt sie auf.
› Gibt es Besonderheiten beim Hochstatus? (Der König wird nicht nur durch sein Verhalten zum König/Hochstatus, sondern auch durch das unterwürfige Verhalten seiner Mitmenschen.)
› Gibt es Besonderheiten bei der Darstellung des mittleren Status?

Grundlagen

Statusveränderungen beim Bewegen (20 Min.)

Ihr trainiert Übergänge in verschiedene Status.

› **Stufe 1**: Bildet zwei gleich große Gruppen: Gruppe A (Tiefstatus) im Entengang; Gruppe B (Hochstatus). Sehr langsam verändern beide Gruppen ihren Status. Die Tiefstatus-Gruppe arbeitet sich langsam zum Hochstatus hin und die Hochstatus-Gruppe rutscht langsam in extremen Tiefstatus (noch tiefer als der Entengang!). Die jeweiligen Gruppen versuchen, zu jedem Zeitpunkt auf dem gleichen Status-Niveau zu sein (peripherer Blick). Lauft los mit Tempo 30. Die Übung dauert insgesamt eine Minute, d. h., nach 30 Sekunden sind alle auf einem mittleren Status und nicht mehr voneinander zu unterscheiden. Trainiert bewusst die körpersprachlichen Ausdrucksmittel, die ihr zuvor zusammengetragen habt.

Variation:
› Eine Person beobachtet die beiden Gruppen und ruft an einigen bestimmten Stellen laut „Stopp!".
› Alle frieren ein. Beispielhaft schauen sich jetzt alle die Status-Darsteller an, die die Aufgabe besonders gut durch klaren Körperausdruck gelöst haben.

Reflexion

› Was hat gut geklappt?
› Gibt es Verbesserungsmöglichkeiten?
› Welcher Körperausdruck signalisiert am ehesten den Status? Wie sieht das aus?

→ **Modul 10, S. 66 ff.**

› **Stufe 2:** Alles wie vorher. Jetzt dauert die Übung aber insgesamt vier Minuten. Nach zwei Minuten sind demnach alle auf einem mittleren Status und nicht mehr voneinander zu unterscheiden. Die Spielleitung kann als Hilfestellung nach zwei Minuten die Zeit ansagen.

Reflexion

› Worin lagen jetzt die besonderen Schwierigkeiten?

→ **List, Volker: CD-ROM Theaterübungen, S. 110**

› **Stufe 3:** Stellt mehrere unterschiedliche Holzquader (alternativ Stühle und Tische) wahllos in den Raum und nutzt diese. Die Aufgabenstellung ist dieselbe wie bei Stufe 2.

Reflexion

› In welcher Weise wurden die Holzpodeste genutzt?
› Auf welche Weise haben sie die Darstellung unterstützt und ausdrucksstärker gemacht?

Wiederholt ganz bewusst bestimmte Übungen mit gleichen oder ähnlichen Festlegungen (Orte, Figuren, Status, Szenarien).
Dabei lernt ihr:
1. Eine Figur, einen Ort immer differenzierter zu gestalten und wirkungsvolle Elemente immer wieder zu benutzen und weiterzuentwickeln.
2. Nicht in die Blockierung zu verfallen, bei gleichem Setting immer wieder etwas komplett Neues erfinden zu müssen.

Imaginierte Orte mit bestimmtem Status durchlaufen (10 Min.)

› Lauft los mit Tempo 40.
› Die Spielleitung gibt euch der Reihe nach unterschiedliche Orte vor und eure Aufgabe ist es, euch durch diese Orte zu bewegen, und zwar so, dass ein Zuschauer erkennen kann, wo ihr euch befindet. Ihr dürft dabei auch Geräusche machen und sprechen, z. B. Ausrufe oder Bemerkungen einflechten oder auch kurze innere Monologe führen (laut gesprochen wie ein Selbstgespräch). Bleibt bei euch, jeder spielt für sich alleine, noch kein Ensemblespiel.
› Vorgaben: Innenstadt mit Gedränge, Tennismatch, Kirche, Süßigkeiten-Messe, Beerdigung, Hochzeit, Bordell, Kindergarten, Weide mit nicht ganz zahmen Tieren, Encierro (Stierlauf) in Pamplona, Fußballländerspiel, Korallenriffe (10 m unter Wasser), Streichelzoo mit vielen ganz jungen Tieren, enger Aufzug mit zu vielen Leuten, dunkle Gasse in üblem Viertel, auf einem Berg mit schöner Aussicht, mitten auf einer stark befahrenen Autobahn oder Rennstrecke, Ozean mit vielen Arten Getier usw.
› Verändert euren Status beim Bewegen unmerklich, je nachdem, wo euer Fokus ist, und rutscht dabei auch in die Darstellung einer anderen Figur. Z. B.: Es geht ein schmächtiger, schüchterner Fußballfan zum Spiel. Dort trifft er auf seine Kumpels und hat als Fanmitglied in der Gruppe Hochstatus. Oder ihr „spielt" den tieftraurigen Angehörigen, bei dem sich nach und nach die Freude über das Erbe oder über den Tod des ungeliebten Verwandten Bahn bricht.
› Ein oder zwei Personen stellen sich außerhalb und rufen laut „Stopp!", wenn sie sehen, dass Status und „Szenerien" besonders gelungen dargestellt sind. Sie erläutern dann den anderen die Gründe dafür.

Reflexion

› Was hat gut geklappt?

Greift in eurem Training immer wieder selbstständig Themen auf, die ihr bereits bearbeitet habt, um eure erworbenen Kompetenzen in diesen Bereichen zu festigen und zu vertiefen. Sprecht also das Thema „Status" (und die anderen grundlegenden Elemente) in den folgenden Modulen immer wieder an und nutzt den Status bzw. die Statusveränderungen immer wieder für die Gestaltung eurer Szenen.
Ihr könnt auch beispielsweise für jedes wichtige Thema einen entsprechenden Kümmerer, Botschafter oder Wächter – sucht euch einen fantasievollen Namen aus – festlegen, der immer wieder interveniert und euch während eures Trainings daran erinnert, diese Elemente und Methoden bewusst zu benutzen. Auf diese Weise ankert sich euer Wissen und Können langfristig besser.
Ihr könnt als Alternative oder ergänzend auch eine Art Ritual für diese Methode der Intervention einführen. Beim Training und bei Präsentationen dürfen diejenigen, die zuschauen, dazwischenrufen, und zwar „Status!" (D. h.: Ich sehe deinen Staus nicht!) oder „Raum!" (D. h.: Ich sehe den Raum nicht.) oder „Figur!" (D. h.: Ich erkenne die Figur nicht!). So werden die Spielenden mit dieser Intervention daran erinnert, ihr Spiel präziser, klarer und wirkungsvoller zu machen. Aber: Übertreibt die Zwischenrufe nicht. Sie sollen hilfreich sein, nicht behindern.

Gestaltung

Imaginierte Orte bespielen (20 Min.)

Ihr lernt einen imaginierten Ort als Ensemble „sichtbar" zu machen, einen Fokus zu bestimmen, bewusst einen Status zu entwickeln und zu benutzen und ihn gezielt auch zu verändern, je nach den Angeboten eurer Mitspieler.

› Die Spielleitung gibt euch der Reihe nach unterschiedliche Orte vor und eure Aufgabe ist es, als ganzes Ensemble, diese Orte vor dem geistigen Auge des Publikums durch euer Spiel entstehen zu lassen. Alle Kulissen oder Requisiten stellt ihr mit euren Körpern dar.
› Macht Geräusche, sprecht und tut alles, was die Illusion befördert.
› Improvisiert typische Figuren, die sich an den jeweiligen Orten aufhalten, z. B. einen Pfarrer, Trauergäste und Friedhofspersonal bei einer Beerdigung oder Mechaniker, Rennfahrer und Boxenluder in einem Rennstall usw.
› Stellt mit euren Körpern typische Kulissen dar, z. B. eine Schwingtür in einem Saloon.
› Hat die Spielleitung einen Ort genannt, dann spielt nicht hektisch drauflos, sondern bleibt zunächst ganz ruhig. Versucht, den Ort vor eurem geistigen Auge entstehen zu lassen. Bewegt euch zunächst nur ganz langsam und unternehmt „kleine Handlungen", die man an diesem Ort machen kann und vielleicht sogar schon solche, die typisch für diesen Ort sind.
› Nutzt euren peripheren Blick, um euch einen Überblick über die Szenerie zu verschaffen. Hat ein Mitspieler durch sein pantomimisches Handeln vielleicht schon einen Tisch in den Raum platziert, dann „seht" ihr diesen auch, und wenn er bedeutsam für diesen Ort ist, dann bespielt ihn. Sucht Spielpartner.
› Geht auf Angebote ein, macht selbst zunächst wenige Angebote, bis klar ist, wer welche Rolle spielt (Z. B.: Es gibt keine drei Bräute bei einer Hochzeit und auch keinen Bus, der in verschiedene Richtungen fährt.). Ändert eure Angebote, wenn ihr seht, dass sie nicht passen.
› Bringt eure kleine Szene zu einem Ende, das typisch ist für diesen Ort.
› Spielt so, dass das Publikum einen sehr guten Einblick in den Ort, in eure Szenerie hat.
› Wenn ihr ins Spiel gefunden habt, dann sucht in eurer Improvisation nach dem Fokus. Immer nur eine Figur spricht oder agiert auffallend. Alle andern unterstützen die Aktion, bei der gerade der Fokus ist. Entweder sie sind ruhig und bewegen sich sehr zurückgenommen, aber hoch präsent oder sie agieren beispielsweise chorisch – aber immer auf den Fokus bezogen.
› Zu viele unterschiedliche Aktionen gleichzeitig verwirren das Publikum.
› Benutzt bewusst die Status eurer Figuren und verändert sie immer dann, wenn ihr ein entsprechendes Spielangebot eurer Partner bekommt. Geht auf jede Statusveränderung eurer Mitspieler ein. Ein Polizeikommissar mit Hochstatus und Waffe verhaftet einen Bandenchef mit Hochstatus. Der Bandenchef muss akzeptieren, dass er gegenüber der Waffe des Kommissars den tieferen Status hat und sich widerwillig verhaften lassen, es sei denn, drei seiner Bandenmitglieder halten dem Kommissar plötzlich ihre Waffen an den Kopf (beliebtes Klischee in vielen Actionfilmen).
› Vorgaben: Bootcamp mit ständig wechselnden Drill Sergeants, Windsurfschule, Boxtrainingslager, Bibliothek, meditatives Zentrum in Fernost, Fließband, Rennstall während eines Autorennens, Wellness-Zentrum, Wochenmarkt in einer Kleinstadt, Vorstandssitzung einer großen Bank, Mafiawohnung, Zugabteil.
› Abwechselnd übernehmen immer zwei Spieler die Zuschauerrolle und geben der Gruppe nach jedem neuen Ort ein Feedback:
- Wurde der Ort über typische Merkmale schnell sichtbar?
- Wie hat die Gruppe das hergestellt?
- Hatte die Gruppe schnell einen Fokus? Wie kam dieser zustande?
- Hat der Ort das Geschehen geprägt? Auf welche Weise?
- Welche Statusveränderungen gab es? Wie haben diese das Spielgeschehen verändert und bereichert?

- Welche Statusveränderungen bereiten auf der Bühne am meisten Freude und welche Statusveränderungen sieht das Publikum am liebsten? (Beispielsweise wenn eine Person in der klassischen Tragödie durch allerlei Widrigkeiten vom Hochstatus in den Tiefstatus fällt.)

Spielt alles – wechselt den Status! (10 Min.)

› Jemand liest eine kurze Reportage oder Zeitungsmeldung vor.
› Spontan illustrieren alle Spieler die Szenerie, indem sie die Orte, die Gegenstände, die Personen mit ihren Körpern darstellen und ganz bewusst mit allen ihnen zur Verfügung stehenden körpersprachlichen und räumlichen Mitteln einen Status kreieren und auch nach bestimmten sichtbaren Spielimpulsen verändern.

Variationen:
› Zugabteil. Es kommt immer ein neuer Fahrgast mit einem anderen Status ins Abteil. Die Personen müssen ständig ihren Status ändern. Z. B. sitzt eine Gruppe intoleranter Menschen im Abteil und ein Ausländer kommt herein – sie mobben ihn. Es kommt ein strenger Zugschaffner und alle kuschen …
› Wenn ein Spieler in einer Szene blockiert, dann ruft die ganze Gruppe laut: „Ja mach ich!" Ziel dieser Intervention ist es, alle für spielverhinderndes Verhalten zu sensibilisieren und aufmerksam zu machen. Es erinnert den Spieler daran, wie er sich verhalten soll, ist also ein konstruktiver Impuls. Es soll nicht gerufen werden: „Blockiert!", weil diese Bemerkung eine negative und destruktive Wirkung hat.

Alternative:
Status auf der Bank (10 Min.)

› Fünf Personen erhalten verdeckt je einen Zettel mit Zahlen zwischen 1 und 5. (1 = Hochstatus, 5 = Tiefstatus, die anderen liegen entsprechend dazwischen)
› Alle stellen sich an die Seite und betreten nacheinander die Spielfläche, ohne die Reihenfolge zu verabreden, und nehmen auf einem von fünf in einer Reihe stehender Stühle Platz, jeder seinem Status gemäß.
› Alle anderen schauen zu.
› Nach einer Weile raten die Zuschauer, wer welchen Status innehatte.
› Die Darsteller dürfen sprechen und interagieren.

Reflexion

› Woran wurde der Status der Darsteller erkannt?
› Welcher Status war einfach zu erkennen?
› Welche Status lassen sich nicht so einfach erkennen?
› Gab es Statusrangeleien zwischen 1 und 2? Wer siegte? Warum?

Hausaufgabe

› Schreibt euch fünf bis zehn Situationen auf, wo ihr bei Mitmenschen deutlich Status wahrgenommen habt. Wie haben diese Menschen ihrem Status Ausdruck verliehen? Habt ihr Statusrangeleien beobachtet oder Statusveränderungen? Spielt selbst ein bisschen unsichtbares Theater, indem ihr euren Status bewusst gestaltet, wenn ihr mit Menschen im Kontakt seid. Z. B.: Kauft mit sehr niedrigem Status (schüchtern) ein Brötchen oder bittet eure Eltern einmal in niedrigem und ein andermal in hohem Status um mehr Taschengeld. Wann seid ihr erfolgreicher?

→ List, Volker: CD-ROM Theaterübungen, S.110

› Für das nächste Modul übernehmen zwei Schüler die Aufgabe der Spielleitung und stellen eine oder mehrere Disziplinen vor, die aus verschiedenen Quellen entnommen werden können.

Abschluss

Ein gemeinsamer Satz (5 Min.)

Ihr zeigt, dass ihr als Teil des Ensembles konstruktive Angebote macht und bewusst Hochstatus einsetzt.

› Stellt euch in einer Reihe auf.
› Der Reihe nach sagt jeder ein Wort, sodass ein sinnvoller Satz entsteht. Der Satz der Gruppe soll zum Ausdruck bringen, wie stolz heute jeder auf das gerade gemachte Training ist. Dies soll sowohl im sprachlichen wie auch im körperlichen Ausdruck sichtbar werden.

Ein gemeinsamer Satz – in unterschiedlichen Status (5 Min.)

› Entwickelt nach dem Muster des Abschlusses im letzten Modul einen Satz (jeder ein Wort) und sprecht ihn mehrmals.
› Anschließend sucht sich jeder einen anderen Platz im Raum – jede Stelle des Raumes ist erlaubt. Imaginiert dort einem bestimmten Ort, z. B. eine Parkbank, ein Büro, ein Zugabteil.
› Der Reihe nach spricht jeder den ganzen Satz in einer Weise, dass die anderen später erraten können, wo sich derjenige befand und ob die Figur eher im Hoch- oder Tiefstatus agiert hat.

Fachbegriffe und Theorie-Impuls

Statusmerkmale

Mitglieder von Gemeinschaften benötigen Orientierung, um sich im Gemeinwesen zurechtzufinden. Ein einfaches System ist das Faustrecht, mit anderen Worten: Der Stärkere gewinnt.
Im Zuge der Evolution und der Zivilisation sind die Orientierungs- und Herrschaftssysteme komplexer geworden und haben sich verfeinert.
Im Modell der Demokratie geht alle Macht vom Volke aus. Sichtbarer Ausdruck dafür sind freie Wahlen und daraus hervorgehende Repräsentanten.
Diese inszenieren ihren *Status* als machtvolle Vertreter des Volkes und demonstrieren ihn durch besondere Architektur, durch die Gestaltung von Räumen (bspw. der Sitzordnung im Reichstag in Berlin) oder bei der Ausübung von Ritualen (Empfang eines Staatsgastes mit militärischer Ehrenformation – eine Demonstration von zur Verfügung stehenden Gewaltmitteln).
Despoten und Diktatoren zeigen besonders gern in martialischer Weise ihr Waffenarsenal öffentlich und medienwirksam, da sie sich nicht auf eine Mehrheit freier Wähler stützen, und treten oft in opulent gestalteten Fantasie-Uniformen mit übergroßen Kopfbedeckungen auf – ein Spiel mit dem *Status*.
Genauso nutzt der kleine afrikanische Junge ein großes Stück Rinde, das er sich über den Kopf hält, um größer zu wirken, wenn er eine Hyäne einschüchtern will, die ihn vielleicht zunächst als vermeintlich leichte Beute angesehen hatte – auch ein Spiel mit dem *Status*.

Diesen *Statusspielen* begegnen wir in vielfältigster Weise:

- In beruflichen Systemen gibt es typische Berufskleidung, die keinen funktionalen Zweck erfüllt, z. B. die Roben am Gericht oder der von Universitätsprofessoren gern getragene weiße Kittel.
- *Statussymbolen* begegnet man in vielen Bereichen des Alltags, z. B. Labels von Kleidung, Uhren, Autos, Häuser usw. Viele Menschen verlassen sich auf diese äußeren Erkennungsmerkmale eines *Status*. Aber sie erkennen nicht, ob der teure Sportwagen mit Schulden finanziert wurde und ein Doktortitel erschwindelt oder erkauft wurde – ein Spiel mit dem *Status*.
- Von ganz besonderem Interesse sind die Fälle von Hochstapelei, in denen sich Menschen einen *Status* erschleichen und erstaunlich erfolgreich über Jahre agieren, z. B. ein Mann mit geringer Berufsqualifikation war jahrelang als Arzt in einer Klinik tätig – ein Spiel mit dem *Status*.

Noch im Mittelalter konnte jeder an der Kragengröße und Kleidung einer Person zuverlässig ihren Stand und *Status* erkennen. Je größer der Kragen und je kostbarer die Kleidung, desto höher Stand und *Status*. Die bürgerliche Gesellschaft macht alle Menschen vor dem Gesetz gleich. Die individualistischen Bestrebungen des Menschen lassen ihn aber wieder nach Erkennungszeichen seines Status suchen.

→ **Weiterführende Literatur**

Jürgen Habermas hat in seinem Buch „Strukturwandel der Öffentlichkeit" dieses Phänomen als „Refeudalisierung der bürgerlichen Öffentlichkeit" beschrieben.
Man will zeigen, was man hat und ist. Erich Fromm vertieft dieses Phänomen in seinem Werk „Haben oder Sein".
Impro-Theater nutzt die *Statusveränderung* oder den *Statuswechsel* von Figuren, um Machtverhältnisse offenzulegen, auf den Kopf zu stellen, ungerechtfertigte Autoritätsansprüche zu entlarven und zu kritisieren, ganz so, wie es die Commedia dell' Arte auch tat.

WEITERFÜHRENDE LITERATUR

- Fromm, Erich: Haben oder Sein. Deutscher Taschenbuch Verlag, München 2011.
- Habermas, Jürgen: Strukturwandel der Öffentlichkeit. Suhrkamp Verlag, Frankfurt am Main 2009.
- Keller, Gottfried: Kleider machen Leute. Deutscher Taschenbuch Verlag, München 1997.
- Klepacki, Leopold (Hg.)/Liebau, Eckart/Link, Dieter/Warstat, Matthias: Schultheater 5. Raum. Friedrich Verlag, Seelze 2011, Heft 5/11.
- List, Volker/Pfeiffer, Malte: Kursbuch Darstellendes Spiel, Grundkurs 2, Modul 3: Figuren entwickeln über das Spiel, Stichwort „Status". Ernst Klett Verlag, Stuttgart 2009, S. 76 f.
- Plath, Maike: Spielend unterrichten und Kommunikation gestalten. Warum jeder Lehrer ein Schauspieler ist. Beltz Verlag, Weinheim und Basel 2010.
- Zuckmayer, Carl: Der Hauptmann von Köpenick. S. Fischer Verlag, Frankfurt am Main 2011.

4 Körperausdruck präzisieren

Ihr trainiert eure körperliche Spiel- und Ausdrucksfähigkeit und lernt Disziplinen des Impro-Theaters kennen.

Aufwärmen

Szenisches Aufwärmen mit Genremusik und Feedback (10 Min.)

› Beginnt mit einem szenischen Aufwärmen nach dem Muster, wie es im Modul 2 auf Seite 17 beschrieben ist, und trainiert eure Imaginationskraft, achtet auf die Spielangebote eurer Partner und vor allen Dingen trainiert, nicht zu blockieren, wenn euch ein Spielangebot unterbreitet wird.
› Ihr könnt aber auch die folgende Übung zum Aufwärmen benutzen:

Boxen auf Distanz (10 Min.)

› Bildet Paare.
› Sucht euch möglichst bei jeder neuen Übung einen anderen Partner.
› Ihr boxt nun gegeneinander auf Distanz (ohne Körperkontakt) in Zeitlupe.
Die Schläge müssen präzise ausgeführt werden und der Getroffene muss angemessen reagieren.
› Vergrößert die Abstände zwischen den beiden Gegnern nach und nach.
Beginnt mit einem Abstand von 20 cm, später 50 cm, 2 m und 5 m.
› Lasst die Boxkämpfe in eine Massenschlägerei münden und achtet darauf, dass eure jeweiligen Spielpartner eure Boxhiebe (eure Angebote) auch wahrnehmen und darauf reagieren können.
› Stellt immer zuerst Blickkontakt her. Geht achtsam mit Angeboten (Boxhieben) eurer Spielpartner um und reagiert entsprechend. Je langsamer ihr euch bewegt, umso präziser könnt ihr handeln.

Variation:
› Einem Akteur stehen mehrere andere Akteure gegenüber, die ihre Bewegungen synchron ausführen. Wie Aktionen Einzelner gegen eine Überzahl von Angreifern choreografiert werden können, zeigen zahlreiche Filme aus dem Action-Genre wie bspw. „Matrix".

Vertiefung:
› Wiederholt folgenden kleinen Schlagabtausch: Schlag – Treffer – Gegenangriff – Treffer. Steigert sehr langsam die Geschwindigkeit dieser kleinen Choreografie bis zu einer natürlichen Abfolge der Bewegungen. Zeigt den anderen das Ergebnis und holt euch Feedback:
- Welches Paar zeigt die Übung am glaubwürdigsten und warum?
- Wer es sich zutraut, kann die Bewegungsgeschwindigkeit über das Normale hinaus steigern wie in einem Stummfilm.

→ **Theorie-Impuls, S. 36 f.**

Lest den Theorie-Impuls zu diesem Modul und sprecht darüber. (10 Min.)

Training

Organisation

Ihr bekommt einen Überblick über die Arbeit in diesem Modul.

› Die Spielleitung stellt kurz das Thema und den Ablauf des Moduls dar.

Ich sehe was, was du gleich siehst (10 Min.)

Ihr trainiert eure Imaginationskraft und den passenden körpersprachlichen Ausdruck.

› Bildet heterogene Paare.
› Ein Spieler sieht etwas, er stellt sich etwas vor, das nicht wirklich zu sehen ist, z. B. einen Hund. Er tut so, als ob es den Hund wirklich gäbe. Er spielt mit dem imaginären Hund, wirft Stöckchen, streichelt ihn. Ein anderes Beispiel: Ihr sitzt in Gesellschaft am Kaffeetisch und zeigt viele „kleine Handlungen" (vgl. Konstantin S. Stanislawski).
› Der zweite Spieler spielt sofort mit, wenn er glaubt, erkannt zu haben, was sein Partner „sieht".
› Rollentausch.
› Steigert den Schwierigkeitsgrad, z. B. seht ihr einen Gegenstand, der euch verzückt, etwas, wovor ihr Angst habt und am Ende sogar – als besondere Herausforderung – etwas Abstraktes, Übersinnliches, bspw. steht ihr vor Gott oder dem Teufel.
› Partnerwechsel.
› Mit dieser Übung trainiert ihr, deutliche (auch körpersprachliche) Angebote an euren Spielpartner zu machen. Euer Partner trainiert seine Achtsamkeit und Sensibilität gegenüber den Angeboten. Diese Kompetenzen sind Grundvoraussetzung für wirkungsvolle improvisierte Szenen.
› Wendet eure erworbenen Kenntnisse aus den vorangegangenen Modulen immer wieder selbstständig an und vertieft dabei insbesondere eure Kompetenzen in den Lernfeldern „Status" und „Räume".

Schubsen (10 Min.)

Ihr lernt Hemmungen abzubauen, nicht zu blockieren und Körperimpulse als Anregung aufzunehmen.

› Verteilt euch paarweise im Raum.
› Abwechselnd schubst einer den anderen, mal ganz sanft, mal ein bisschen kräftiger. Erprobt viele Varianten. Der Geschubste empfängt nur, reagiert nicht, blockiert nicht, setzt dem Impuls keinen Widerstand entgegen. Er stellt nur sein Gleichgewicht wieder her, sucht seine Körpermitte.
› Haben sich die Paare aufeinander eingestellt, geben Schubser und Geschubster einen Ton von sich, der Schubser während er schubst, der Geschubste während er den Schubsimpuls erhält.
› Es folgen Worte und auch kurze Sätze.
› Das Tempo der Schubsimpulse sollte variiert werden.
› Läuft die Übung gut, dann entstehen schon kleine Dialoge und Szenenfragmente. Die Dialoge, die vorher nicht zurechtgelegt wurden, klingen nicht künstlich oder gestelzt, sondern kommen unmittelbar aus dem Körperimpuls heraus und klingen so authentisch. Nicht in jedem Fall hat der Geschubste den niedrigeren Status (vgl. Mahatma Gandhi: Die Grundbedeutung der Gewaltfreiheit).

Eine Bewegung sucht eine Umsetzung (10 Min.)

Ihr improvisiert eine Szene aus Körperimpulsen heraus.

› Bildet Zweiergruppen.
› Setzt die nachfolgend beschriebene Bewegungsvorgabe in eine Szene um. Ihr dürft beliebig viel Text verwenden. Die Bewegungen müssen exakt eingehalten werden, also am besten vorher ein paar Mal „trocken" üben.

Beispiel:
A sitzt auf einem Stuhl.
B kommt und bleibt drei Schritte vor dem Stuhl stehen.
A blickt zu B.
B wendet sich durch eine Körperdrehung von A ab.
A steht auf und geht zu B.
B geht in die Knie.
A geht an B vorbei und verlässt B.

Präsentation und Reflexion (10 Min.)

› Zeigt euch gegenseitig einige Beispiele eurer Improvisationen. Sprecht darüber, welches Paar das überzeugendste Angebot aus Handlung und Sprache präsentiert hat.

Bei Improvisationen ergeben sich im dynamischen Spiel oft Konfliktsituationen, in denen sich die Spielpartner körperlich berühren, um ihren Status zu klären. Oft kommt es dann zu gegenseitigem Schubsen, das die Spielenden nicht unter Kontrolle haben. Das Spiel ist nicht gestaltet und wird langweilig. Es gibt zwei Möglichkeiten, das zu verhindern:
1. Berührungsverbot während der Improvisation
2. Wer geschubst wird, darf nicht sofort zurückschubsen. Er muss seinen Status klären und vor dem Mitspieler kuschen oder eine andere Ausdrucksform finden, um seinen Status über den des Schubsenden zu heben, z. B. verbal mit einer Bemerkung wie: „Na diesmal greifst du ja überraschend schnell zu deinem stärksten Einschüchterungsmittel …“

Gestaltung

Impro-Disziplinen

Sagte er, und … Regieanweisungen für den Spielpartner geben (10 Min.)

Ihr trainiert einfache Disziplinen des Impro-Theaters.

› Bildet Paare.
Person A sagt etwas zu B.
B reagiert mit den Worten: „… sagte er/sie und …“ (Beschreibung einer Handlung).
A führt die Handlung aus.
B sagt etwas usw.

Beispiel:
Die Frau sagt (im Freeze): „Ich mag dich!“
Der Mann reagiert mit einer Regieanweisung: „Sagte sie und streichelt ihn.“
Die Frau führt die Anweisung aus.
Dann spricht der Mann (im Freeze): „Lass das!“
Sie reagiert mit der Regieanweisung: „ … sagte er und wendet sich verschämt zur Seite.“
Er tut es und sie sagt: „Du wirst ja rot!“
Er reagiert mit: „ … sagte sie und schaute zu Boden.“
› Wichtig ist, dass die Spieler keine selbst ausgedachten Handlungen ausführen, sondern im Freeze warten, bis sie die Regieanweisung erhalten haben und dann erst agieren.

Disziplin „Puppen bewegen" (10 Min.)

› Bildet zwei Paare.
› Jeweils ein Spieler eines Paares spielt die Puppe. Die Puppen dürfen sprechen, sich aber nicht von selbst bewegen.
› Der Andere bewegt seine Puppe, indem er immer nur eine Veränderung an seiner Puppe vornimmt und dann auf die Reaktion des anderen Paares wartet.
› Die Puppenspieler versuchen, ihre Puppen jeweils so zu modellieren, dass für die Mitspieler deutliche Impulse spürbar und sichtbar werden.
› Folgt immer dem Muster: Aktion – Reaktion. Keine Aktionen gleichzeitig! (Fokus)

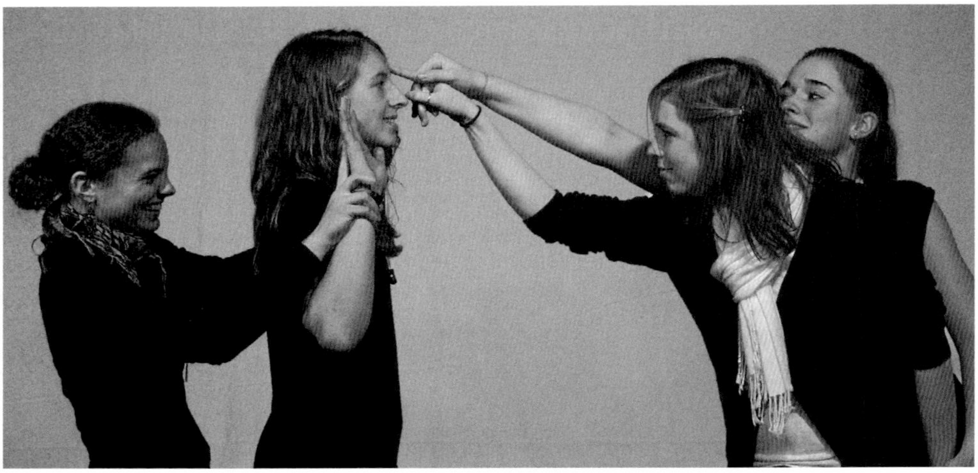

Aktion – Reaktion

Disziplin „Playback - Zwei Sprecher synchronisieren zwei Spieler" (10 Min.)

› Bildet eine Vierergruppe.
› Zwei spielen auf der Bühne, ohne zu sprechen.
› Die beiden anderen geben den Spielern eine Stimme.
› Die Spieler auf der Bühne bewegen nur ihren Mund, wenn ihre Sprecher sprechen.
› Die Spielleitung oder das Publikum gibt ein Thema und/oder ein Genre vor, in dem gespielt wird.

Beispiele:
Western: Der Revolverheld kommt zu seiner Dolly zurück.
Science-Fiction: Das Alien verliebt sich in einen Menschen.
Heimatfilm: Die Vroni versteckt Hans, den Wilderer.
Krimi: Der Frauenmörder findet ein neues Opfer.
Soap-Opera: Der erste Kuss.
› Die nicht selbst sprechenden Spieler müssen natürlich synchron ihren Mund auf- und zumachen, wenn „ihre Stimme" spricht. Dies sollten sie mit übertrieben großen Mundbewegungen machen, so als ob sie einen riesengroßen Kaugummi mit weit offenem Mund kauen, da lippensynchrones Sprechen nur schwer realisierbar ist.

Variation:
„Playback mit Basler Masken – Zwei Sprecher synchronisieren zwei Spieler"

› Bildet eine Vierergruppe.
› Zwei Spieler treten auf die Spielfläche und zeigen dem Publikum jeweils zwei verschiedene Basler Masken. Das Publikum wählt die Masken aus, mit denen die Spieler spielen werden.

› Die beiden anderen setzen sich vorne an den Bühnenrand und leihen den Spielern mit den Masken ihre Stimmen.
› Die Spieler auf der Bühne setzen nun ihre Masken auf.
› Die Spielleitung oder das Publikum gibt ein Thema, ein Genre oder einen Ort vor.
› Die Spielweise mit Basler Masken ist aufgrund der mangelnden Sicht der Spieler eine besondere: sehr langsame und vorsichtige Bewegungen, keine Berührungen der Masken. Gespielt wird zum Publikum, meist seitlich, damit man nicht in die Maske hineinschauen kann.

Disziplin „Redner mit fremden Armen" (10 Min.)

› Der Experte wird zu Beginn des Spiels aus dem Raum geschickt.
› Vom Publikum wird ein wissenschaftlicher Begriff, eine Erfindung oder ein Gegenstand gewählt. Der Experte muss den Begriff, die Erfindung oder den Gegenstand erraten.
› Ein Spielpartner, der bspw. den Begriff kennt, steckt seine Arme unter den Armen des Experten hindurch und spielt dessen Arme. Der Experte verschränkt seine Arme hinter seinem Spielpartner.
› Der Vorderspieler spricht und der hintere macht die passenden Armbewegungen. Dabei kann er mit seinen Bewegungen Vorgaben für den Sprechenden machen.
› Der Moderator stellt den Experten vor und interviewt ihn. Ziel ist es, dass der Moderator und „die fremden Arme" dem Experten dezente Hinweise auf den zu erratenden Begriff geben, damit dieser ihn am Ende errät.

Variationen:
› Auch Fragen aus dem Publikum sind möglich. Der Experte kennt das Thema oder die Erfindung. In diesem Fall ist es kein Ratespiel mehr, sondern ein wissenschaftlicher Vortrag, bei dem der Experte den Zuschauern erklärt, worum es beim Thema oder bei der Erfindung eigentlich geht.
› Es treten mehrere Experten auf, die unterschiedliche Standpunkte zu einem Thema vertreten.
› Der Experte stammt aus einem fernen Land, ist unserer Sprache nicht mächtig und spricht nur Kauderwelsch. In diesem Fall gibt es einen Dolmetscher, der die Ausführungen des Experten und gleichzeitig die Fragen des Moderators an den Experten übersetzt.
› Es handelt sich nicht um einen Experten, sondern um einen Angeklagten vor Gericht, der seine Tat schildern soll.

→ **List, Volker: CD-ROM Theaterübungen, S. 110**

Fakultativ:
› Weitere Disziplinen, die besonders den körpersprachlichen Ausdruck fördern, sind: „Gebärden-Dolmetscher", „Reporter", „Erzählen und sofort spielen", „Soundboard" oder „Ein Produkt reklamieren".

Hausaufgabe

› Sucht euch Stellen an verschiedenen belebten Plätzen und beobachtet Menschen.
› Achtet auf ihre besonderen körpereigenen Ausdrucksmuster.
› Notiert euch, welche Gesten bestimmter Menschen euch fasziniert haben.
› Kopiert diese und führt einige davon beim nächsten Treffen vor.
› Die Spielleitung des nächsten Moduls wird festgelegt und bereitet sich vor, das Modul anzuleiten.

Abschluss

Gordischer Knoten (5 Min.)

Ihr baut Vertrauen zur Gruppe auf und bewältigt gemeinsam eine körperliche Aufgabe.

› Es darf nicht gesprochen werden.
› Stellt euch im Kreis auf.
› Schließt die Augen, geht ein paar vorsichtige Schritte, ergreift dann die Hände eines Mitspielers und haltet diese fest.
› Die Spielleitung erfragt, ob jeder die Hände eines Anderen ergriffen hat, und gibt dann das Kommando, die Augen zu öffnen.
› Versucht nun, ohne loszulassen, das Knäuel zu entwirren.

Fachbegriffe und Theorie-Impuls

Körperausdruck – Pantomime

Pantomimen haben über viele Jahre intensiven Körpertrainings die Kunst verfeinert, allein über ihren *körpersprachlichen Ausdruck* zu kommunizieren. Sie lassen ihren Körper sprechen und benutzen eine ähnliche *Syntax*, einen ähnlichen *Rhythmus* wie beim stimmlich-verbalen Sprechen. Sie machen deutliche Pausen zwischen ihren kleinen und kleinsten Körperaktionen durch kurzes Innehalten, den *Toc*. Das ist eine sehr kurze, aber deutlich sichtbare muskuläre Anspannung des ganzen Körpers, so als ob der Spieler für den Bruchteil einer Sekunde einfriert. Das erleichtert Zuschauern, die Sinnabschnitte der (körpersprachlichen) Aussage zu erkennen und zu deuten. Sehr oft arbeiten *Pantomimen* mit dem Mittel *Zeitlupe*. Auch hier hat der Zuschauer mehr Zeit, die Aktion wahrzunehmen und zu verstehen. *Toc* und *Zeitlupe* sind zwei einfache, aber wichtige Techniken bzw. ästhetische Mittel, mit deren Hilfe der *Körperausdruck* verstärkt wird. Durch solche *Stilisierungen* unterscheidet sich die theatrale Darstellung wesentlich von „normalem" Alltagsverhalten und erhält damit eine besondere, eine *ästhetische Qualität*. Stanislawski hat seinen Schauspielschülern empfohlen, ihren *Körperausdruck* über sogenannte einfache, kleine und unkomplizierte Alltagshandlungen zu trainieren, z. B. eine Jacke an- und ausziehen, sich etwas zu trinken einschütten und trinken, Hände waschen, Zeitung lesen, die Brille putzen, durch eine Tür gehen. Die Handlung wird zunächst real ausgeführt, also jemand zieht tatsächlich mehrmals hintereinander langsam eine Jacke an und wieder aus. Dabei beobachtet er sich sehr genau und führt alles sehr genau aus. Anschließend zieht er die Jacke pantomimisch an und aus und erinnert sich dabei an jede kleinste Bewegung. In weiteren Schritten kann die Übung besonders langsam durchgeführt werden (*Zeitlupe*), es können nach jeder kleinsten Bewegungseinheit *Tocs* gesetzt werden (Griff zur Jacke – *Toc* – Hochheben der Jacke – *Toc* – Ärmelloch suchen – *Toc* – usw.).
Um den Trainingseffekt zu verstärken, können in einem weiteren Schritt alle kleinsten Bewegungseinheiten mit einer *einleitenden Gegenbewegung* versehen werden. Außerdem können die Handlungen mit unterschiedlichen Gefühlen gespielt werden. Das körpersprachliche Bewegungsmuster „Durch eine Tür gehen" kann sich in der Darstellung sehr unterscheiden, bspw. ob jemand behutsam das Kinderzimmer betritt, in dem das geliebte Kind schläft, oder ob der Darsteller nach einem Streit oder nach dem Rauswurf aus seiner Firma wütend das Büro des Chefs verlässt. Zweck dieses Trainings ist es, auch kleine Handlungen sehr körperbewusst und klar zu vollziehen. Nur dann kann sie ein Zuschauer auch als solche deutlich wahrnehmen.

Disziplinen des Impro-Theaters

Seit der Begründung des Impro-Theaters als eigenes Genre und der Etablierung des *Theatersports* durch Keith Johnstone haben sich eine ganze Reihe sogenannter *Disziplinen* herauskristallisiert.
Diese *Disziplinen* entstanden und entstehen teilweise aus freien Improvisationen und Übungen und werden ständig von Impro-Gruppen und Autoren weiterentwickelt und verändert. Es werden aber auch neue *Disziplinen* erfunden. Eine *Disziplin* beschreibt ein klares *Setting* von Vorgaben, Handlungsanweisungen oder Motiven für eine Improvisation, z. B. gibt das Publikum vor, welche Figuren die Darsteller auf der Spielfläche verkörpern sollen und wo sie sich befinden.
Bestimmte *Disziplinen* machen sehr enge Vorgaben. Sie legen z. B. eine Zeitdauer („Tod in einer Minute") oder bestimmte Sprechweisen (ABC, Drei-Wort-Sätze) fest. Inzwischen gibt es eine große Anzahl von genau beschriebenen *Disziplinen*.

WEITERFÜHRENDE LITERATUR

› Becker, Dirk T.: Das Haus des Pantomime-Künstlers. Ein Arbeitsbuch für Pantomime. MV-Verlag, Greifswald 2005.
› Johnstone, Keith: Theaterspiele. Spontaneität, Improvisation und Theatersport. Alexander Verlag, Berlin 2009.
› List, Volker/Pfeiffer, Malte: Kursbuch Darstellendes Spiel. Grundkurs 1, Modul 2: Körper und Präsenz. Ernst Klett Verlag, Stuttgart 2009, S. 14 - 16.
› Ebenda: Modul 6: Körperbeherrschung, S. 28 - 30.
› Ebenda: Grundkurs 2, Modul 3: Figuren entwickeln über das Spiel, S. 75 - 77.
› Müller, Werner: Körpertheater und Commedia dell'Arte. Auer Verlag, Donauwörth 2004.
› Stanislawski, Konstantin S.: Die Arbeit des Schauspielers an sich selbst. Tagebuch eines Schülers. Teil 2. Die Arbeit an sich selbst im schöpferischen Prozeß des Verkörperns. Henschel Verlag, Berlin 1981, S. 336.

5 Sprache und Text gestalten

Ihr trainiert eure sprachliche Spiel- und Ausdrucksfähigkeit und lernt weitere Disziplinen des Impro-Theaters kennen.

Aufwärmen

Szenisches Aufwärmen mit Genremusik und Feedback (10 Min.)

› Beginnt mit einem szenischen Aufwärmen nach dem Muster, wie es im Modul 2 auf Seite 17 beschrieben ist, und trainiert eure Imaginationskraft, achtet auf die Spielangebote eurer Partner und vor allen Dingen trainiert, nicht zu blockieren, wenn euch ein Spielangebot unterbreitet wird.
› Ihr könnt aber auch die folgende Übung zum Aufwärmen benutzen:

„Ha! Hi! Ho!" – Schwertkampf (10 Min.)

› Stellt euch im Kreis auf.
› Eine Person hält die Arme hoch über den Kopf und schlägt von oben nach unten mit einem imaginierten Schwert in Richtung einer anderen Person und schreit dazu „Ha!".
› Der Betroffene reißt mit einem lauten „Hi!" in gleicher Weise die Arme nach oben.
› Die links und rechts von ihm stehenden Spieler schlagen mit einem lauten gleichzeitigen „Ho!" ihre imaginierten Schwerter zum Bauch desjenigen, der in der Mitte steht.
› Anschließend schlägt der Getroffene die Arme mit einem lauten „Ha!" erneut wieder auf einen anderen ein.
› Wer einen Fehler macht, geht aus dem Kreis.

Training

Organisation

Ihr bekommt einen Überblick über die Arbeit in diesem Modul.

› Die Spielleitung stellt kurz das Thema und den Ablauf des Moduls vor.

Zehn Wörter hintereinander, die nichts miteinander zu tun haben (10 Min.)

Ihr trainiert, gewohnte Denkbahnen zu verlassen.

› **Stufe 1:** Eine Person zählt hintereinander zehn Substantive/Nomen auf. Der Partner visualisiert mit seinen Fingern die entsprechenden Zahlen von eins bis zehn.
Die Wörter dürfen nichts miteinander zu tun haben. Es darf nicht assoziiert werden, wie wir es gewöhnlich tun.

Beispiele:
› Spinat, Ball, Stift, Mars, …
Die Wörter müssen immer aus einem anderen Kontext stammen. Kreativität entsteht dort, wo traditionelle und gewohnte Denkgrenzen überwunden werden.
Diese Übung trainiert, das Ungewöhnliche, das Außergewöhnliche zuzulassen.
› **Stufe 2:** Der Partner zählt zunächst in einem langsamen (später in schnellerem) Rhythmus bis zehn und visualisiert die Zahlen mit den Fingern.

Der Partner muss nun seine Wörter in diesem Rhythmus abfeuern. Der Zählende lehnt Wörter ab, wenn er das Gefühl hat, dass sein Partner assoziiert oder irgend ein System zur Wortfindung benutzt. Er sollte am Anfang nicht zu streng bei seinem Urteil sein, damit die Übung in Fluss kommt.

Variation:
› Alle Wortarten sind erlaubt.

Zwei Ereignisse zusammenbringen (10 Min.)

› Bildet Paare.
› Eine Person erfindet zwei Ereignisse, Vorgänge oder Handlungen, die nichts miteinander zu tun haben, z. B.: „Der graue Vogel streift den jungen Busch." und „Die Feuerwehr kam zu spät zum mittlerweile erloschenen Brandherd."
› Der Partner bringt die beiden Ereignisse erzählerisch nachvollziehbar miteinander in Verbindung, z. B.: „Nachdem die Feuerwehr ihren Standort auf ein völlig unbebautes Grundstück vor die Stadt verlegt hatte, entwickelten sich die Feuerwehrleute in ihrer Warte- und Freizeit zu regelrechten Gärtnern, Kleinlandwirten und Naturbeobachtern und gestalteten beispielsweise die Fläche um das Spritzenhaus zu einer wahren Naturidylle um. So kam es, dass der wachhabende Feuerwehrmann das Alarmsignal überhörte, da er so vertieft in die Beobachtung des grauen Vogels war, der den jungen Busch streifte. Die Feuerwehr kam zu spät zum mittlerweile erloschenen Brandherd."

Variation:
› Drei Ereignisse miteinander verbinden.

Hohe Aussagekraft durch Mimik und Gestik

Objektgeschichte (5 Min.)

› Bildet zu viert oder zu fünft Gruppen und arbeitet parallel.
› Drei bis fünf beliebige Gegenstände werden in die Mitte gelegt.
› Eine Person nimmt nun einen Gegenstand, z. B. einen ausgebeulten Koffer und beginnt, eine Geschichte zu erzählen. Sie nimmt bei passender Gelegenheit den zweiten Gegenstand und erzählt weiter bis zum letzten Gegenstand. (Einfälle kommen oft beim Erzählen.)

Achtet darauf, dass eure Geschichten nicht nach wenigen Sätzen zu Ende erzählt sind. Genauso wichtig ist es, nicht zu weitschweifig und zu kompliziert zu erzählen.

Drei Dinge – was war passiert? (5 Min.)

› Bildet zu viert oder zu fünft Gruppen und arbeitet parallel.
› Die Spielleitung legt drei bis fünf beliebige Dinge auf den Boden, die auf den ersten Blick nichts miteinander zu tun haben, z. B. einen Backstein, Regenschirm, Bleistiftanspitzer oder einen angebissenen Apfel. Diese Dinge lagen angeblich morgens auf einem Marktplatz.
› Die Spielleitung fordert die Gruppe auf, eine Geschichte zu erfinden und anschließend zu erzählen oder zu spielen, die sich nachts auf dem Marktplatz abgespielt haben könnte.

Zwei mit einer Stimme (5 Min.)

› Bildet Paare.
› Zwei Personen spielen zusammen eine Person, d. h., sie sprechen gleichzeitig und handeln synchron. Beispiel-Situation: Einkauf. Die Personen müssen langsam und gedehnt artikulieren und sehr genau beim Formulieren der Worte aufeinander hören.

Kettengeschichte mit Endreim (5 Min.)

› Setzt euch in einen Kreis.
› Eine Person wendet den Kopf zu ihrem linken Nachbarn und sagt einen Satz.
› Der Angesprochene sagt einen zweiten Satz, der sich am Ende auf den ersten Satz reimen muss, er dreht danach seinen Kopf zu seinem linken Nachbarn, stellt Blickkontakt her und sagt einen neuen Satz.
› Der Angesprochene sagt einen Satz, der sich am Ende auf den Satz seines Vorgängers reimen muss usw.
› Erzählt eine Geschichte in Reimform.
› Wem nichts einfällt, dem können die Anderen etwas soufflieren oder er setzt aus.

Kettengeschichte – Endreim mit Kauderwelsch verschleifen (5 Min.)

› Gleiches Setting wie vorher. Setzt euch in einen Kreis.
› Eine Person wendet den Kopf zu ihrem linken Nachbarn und sagt einen Satz.
› Der Angesprochene sagt einen zweiten Satz, der sich am Ende auf den ersten Satz reimen sollte. Er sagt aber kein sinnvolles Wort, sondern ein Kauderwelsch-Wort.
› Er dreht danach seinen Kopf zu seinem linken Nachbarn und sagt einen neuen Satz.
› Der Angesprochene sagt einen Satz, der sich am Ende auf den Satz seines Vorgängers mit einem Kauderwelsch-Wort reimen muss usw.
› Erzählt auf diese Weise eine Geschichte.
› Wem nichts einfällt, dem können die Anderen etwas soufflieren oder er setzt aus.

Kettengeschichte in Kauderwelsch mit Endreim (5 Min.)

› Gleiches Setting wie vorher. Setzt euch in einen Kreis.
› Eine Person wendet den Kopf zu ihrem linken Nachbarn und sagt einen Satz in „Kauderwelsch".
› Der Angesprochene sagt einen zweiten Satz in „Kauderwelsch", der sich am Ende auf den ersten Satz reimen sollte.

› Er dreht danach seinen Kopf zu seinem linken Nachbarn, nimmt Blickkontakt auf und sagt einen neuen Satz in „Kauderwelsch".
› Der Angesprochene sagt einen Satz, der sich am Ende auf den Satz seines Vorgängers reimen muss usw.
› Erzählt auf diese Weise eine Geschichte.
› Wem nichts einfällt, dem können die Anderen etwas soufflieren oder er setzt aus.

Variationen:
› Legt vorab die Kauderwelsch-Sprache fest. Diese soll klingen wie Russisch, Chinesisch, Französisch oder eine Fantasiesprache.
› Macht Gesten zu euren Reimen, die Hinweise auf einen Sinn geben.

Um effektiver zu trainieren und die Zeit besser zu nutzen, könnt ihr auch diese verschiedenen Übungen in unterschiedlichen Kleingruppen parallel trainieren. Nutzt auch die öfter vorkommenden Situationen des Alltags (Warten an der Bushaltestelle, beim Arztbesuch oder Kaffeetrinken und Pausen machen), um spielerisch eure Fantasie und eure Sprach- und Sprechkompetenz zu trainieren.

→ **List, Volker: CD-ROM Theaterübungen, S.110**

Fakultativ:
› Habt ihr mehr Zeit, so könnt ihr eure Kompetenzen mit den folgenden Übungen vertiefen: „Fragen stellen – unzusammenhängend", „Zwei begegnen sich auf einem Steg", „Begriffspaare unterhalten sich" (Messer und Gabel/Topf und Deckel …), „Ein Text sucht eine Umsetzung", „Und dann?" – Diese Übung ist auch gut dafür geeignet, das Publikum einzubeziehen.

Gestaltung

Ihr trainiert schwierige Disziplinen des Impro-Theaters.

Impro-Disziplinen

Disziplin „Fremdwörter in Kauderwelsch definieren" (10 Min.)

› Bildet Paare.
› Abwechselnd denkt ihr euch Fantasiewörter aus und der Partner muss sofort diese „Fantasiebegriffe" erläutern. Versucht auch, euch vom Klang des Fantasiewortes inspirieren zu lassen, z. B. „Drumkawum" ist eine große schwere Trommel, die im 30-jährigen Krieg von den Schweden beim Angriff geschlagen wurde, um dem Gegner Angst einzujagen. Erfindet nicht beliebige Erklärungen, sondern versucht, euch am Klang des Wortes zu orientieren.

Variation:
› Das gleiche Setting in der Gruppe. Wer sich ein Wort ausgedacht hat, sagt es einfach und wer eine Idee hat, legt sofort mit der „Übersetzung" los.

Alternative:
› Derjenige, der das Wort gesagt hat, deutet auf einen, der es sofort erklären muss. Dieser sagt dann ein neues Wort usw.
› Diese Disziplin lässt sich ebenfalls gut mit Publikumsbeteiligung spielen; hierbei nennt das Publikum die Fremdwörter. Außerdem eignet sich die Disziplin gut zum „Aufwärmen" des Publikums und der Spielenden zu Beginn einer Impro-Show.

Disziplin „ABC – Szene nach dem Alphabet" (10 Min.)

› Zwei Darsteller.
› Die Zuschauer geben vor, welche Figuren die beiden Darsteller spielen sollen und auch den Ort, wo sie sich befinden.
› Die beiden spielen eine Szene, wobei jeder nur einen Satz spricht. Jeder Satz beginnt immer mit einem Buchstaben in der Reihenfolge des Alphabets.

Beispiel:
› Zahnarztpraxis mit Zahnarzt und Patient.

Zahnarzt: „**A**nfangs tut es ein bisschen weh."
Patient: „**B**itte nicht!"
Zahnarzt: „**C**hristopher, seien Sie tapfer."
Patient: „**D**as sagen Sie so einfach!"

Disziplin „Experte ohne Sachkenntnis wird von Journalisten befragt" (15 Min.)

› Bildet Dreiergruppen und schickt eine Person aus dem Raum. Das ist der erste Experte. Die beiden anderen sind Journalisten und verabreden, worin der Dritte Experte sein soll. Anschließend befragen sie ihren Experten, der natürlich nicht weiß, worin er Experte ist. Er gibt aber mit souveräner Geste Auskunft. Die Journalisten geben dem Experten durch die Art ihrer Fragen immer wieder kleine Informationsschnipsel, um die der Experte mit Worthülsen herumschwadronieren kann wie ein Politiker. Je mehr der Experte erfährt, umso eher kann er erraten, worin er Experte ist. Die Journalisten sollten durch entsprechendes aktives Zuhören dem Experten signalisieren, wann er in die richtige Richtung schwadroniert und wann er auf dem Holzweg ist. Reihum wird der Nächste Experte. Diese Übung ist auch dafür geeignet, das Publikum einzubeziehen.

→ List, Volker: CD-ROM Theaterübungen, S. 110

› Weitere Disziplinen, die besonders den sprachlichen Ausdruck fördern: „Ein Gast aus einem fiktiven Land – Dolmetscher übersetzt Kauderwelsch", „Experte für Begriffskombinationen"

Hausaufgabe

→ Theorie-Impuls, S. 43

› Lest den Theorie-Impuls zu diesem Modul.
› Findet einen Partner (nicht aus eurem Theaterkurs) oder mehrere Partner aus eurer Umgebung (Familie, Schule, Nachbarschaft) und bittet um ein paar Minuten Zeit für ein Spiel.
› Erläutert kurz, was es mit Impro-Theater auf sich hat, und macht eine kleine Übung.
› Berichtet im nächsten Modul von euren Erfahrungen.
› Legt die Spielleitung des nächsten Moduls fest.

Abschluss

Verschiedene Gedichtzeilen hintereinander (5 Min.)

› Erinnert euch an ein beliebiges Gedicht.
› Tragt möglichst schnell hintereinander wenige Zeilen in beliebiger Reihenfolge vor.
› Es entsteht ein kurioses, sinnfreies, traurig-lustiges „Einmal-Gedicht".

Fachbegriffe und Theorie-Impuls

Theatertext – Sprechtext – Sprechhandlung

Geschichtlich betrachtet, kommt die artikulierte Sprache bzw. der *Theatertext* als letztes Element in die theatrale Darstellung.
Das Impro-Theater geht nicht von vorgefertigten Inhalten aus, es gibt zunächst keinen *Theatertext*. Die wesentlichen Impulse zum Spiel kommen aus der Unmittelbarkeit der Figuren, ihren *Motivationen*, aus dem imaginierten Raum und der Situation.
Dies hat zur Folge, dass das Sprechen seinen Ursprung meist im *Motiv* hat, im Beweggrund, also im Handeln, nicht im Mentalen oder einer Idee.
Dies ist auch ein Gradmesser für eine gelungene Improvisation: Bleibt das Sprechen auf der Bühne einer geistigen Welt verhaftet oder ist es eng verknüpft mit den Aktionen auf der Spielfläche, die sich immer wieder als die hilfreichsten Impulse für die Mitspieler herausstellen.
Das Auswendiglernen des *Sprechtextes* von Textvorlagen vor Proben widerspricht der Logik des Theaterspielens und bleibt dem *Deklamieren* von geschriebenen Texten vergangener Jahrhunderte verhaftet.
Insofern befinden sich alle Regisseure in einem Dilemma, wenn sie sogenannte *werktreue Inszenierungen* besonders älterer Theater(sprech)texte anstreben.
Der *Sprechtext* wird auswendig gelernt und klingt oft auch so. Die Handlung ist nachgeordnet und wirkt nicht überzeugend. *Sprechen und Handeln* klaffen auseinander und ergeben dann keinen für das Publikum nachvollziehbaren sinnstiftenden Kontext.
Auf die Spitze treiben es Opern-/Operetteninszenierungen oder Musicals, in denen die Handlung auf der Bühne zum Anhängsel eines dominierenden gesungenen Textes degradiert wird. Dieser Widerspruch spitzt sich in einem Dilemma zu: Entweder sogenannte *werktreue Textreproduktion* und unglaubwürdiges Agieren oder Verlust der *Werktreue* und glaubwürdige Handlung.
Moderne Theatertexte/Stücke umgehen dieses Dilemma, indem sie entweder glaubwürdige Texte bereitstellen oder die Figurbezogenheit des Textes auflösen. Sie liefern also keine *Sprechtexte* von stimmigen Figuren, sondern Text- und Sprechmaterial, das seine Umsetzung z. B. in sogenannten Textteppichen oder *chorischen Ausdrucksformen* findet, die nicht mehr direkt an Handlungen und Aktionen gekoppelt sind.
Impro-Theater entfaltet seine Wirkung dann am stärksten, wenn die Figuren *„sprechhandeln"*, d. h., ihr Sprechen unmittelbar auf ihr Tun und ihre Handlungen bezogen ist bzw. sich direkt auf ihr Tun bezieht und die Handlung vorantreiben, statt sie nur intellektuell zu kommentieren oder zu reflektieren.

→ **Weiterführende Literatur: List/Pfeiffer, Darstellendes Spiel**

WEITERFÜHRENDE LITERATUR/LINKS

› Klepacki, Leopold (Hg.) u. a.: Schultheater 7. Sprechen. Friedrich Verlag, Seelze 2011, Heft 7/11.
› List, Volker/Pfeiffer, Malte: Kursbuch Darstellendes Spiel. Grundkurs 2, Modul 10: Theaterchor. Ernst Klett Verlag, Stuttgart 2009, S. 103.
› List, Volker: Von der Vorlage zum Spiel. Module für ein Theaterprojekt. Hüttenberg 2000, 145 Seiten. (www.volkerlist.de)

6 Disziplinen – allein, zu zweit, zu dritt

Ihr trainiert, durch Solo-Auftritte bzw. mit wenigen Mitspielern, Figuren und Darstellungen eurem Spiel Tiefe und Kontur zu verleihen.

Aufwärmen

Szenisches Aufwärmen mit Genremusik und Feedback (10 Min.)

› Beginnt mit einem szenischen Aufwärmen nach dem Muster, wie es im Modul 2 auf Seite 17 beschrieben ist, und trainiert eure Imaginationskraft, achtet auf die Spielangebote eurer Partner und vor allen Dingen trainiert, nicht zu blockieren, wenn euch ein Spielangebot unterbreitet wird.
› Ihr könnt aber auch die folgende Übung zum Aufwärmen benutzen:

Zwei Figuren begegnen sich (5–10 Min.)

› Verteilt euch im Raum.
› Jeder denkt sich eine Figur für sich aus und spielt diese an einem imaginierten Ort. Dort lasst ihr eure Figur etwas tun, das typisch für diese Figur ist – etwa eine halbe Minute lang. Fokussiert euch nur auf euch und eure Figur. Spielt ruhig und konzentriert. Macht eure Handlungen deutlich, agiert körpersprachlich sehr genau.
Habt ihr eine passende Idee für einen Tic eurer Figur, dann spielt diesen Tic.

→ Weiterführende Literatur, S. 49: List/Pfeiffer, Kursbuch Darstellendes Spiel

› Nach einer halben Minute nehmt ihr mit peripherem Blick wahr, was unmittelbar um euch herum passiert. Wer agiert da neben euch? Einem spontanen Impuls folgend, macht ihr einer Figur in eurer Nähe ein Spielangebot. Wenn ihr beispielsweise ein Maler seid, dann bittet ihr die andere Figur vielleicht darum, den Pinsel mal kurz zu halten, weil ihr einen neuen Eimer Farbe aufmachen wollt. Verwickelt den angesprochenen Spielpartner in eine kleine Handlung – wenig sprechen, viel handeln (benutzt die Kompetenzen, die ihr im Modul 4 bereits trainiert habt).

→ Modul 4, Hausaufgabe, S. 35

› Wer ein Angebot von einem Spielpartner erhält, geht darauf in seiner Figur ein, ohne zu blockieren. Gestaltet den Kontakt mit einem Angebot und einem Gegenangebot etwa eine Minute lang und beendet ihn mit einer plausiblen Begründung.
› Wenn ihr euch wieder für einen Moment auf eure Arbeit, eure Handlungen fokussiert habt, haltet kurz inne (Toc-Pause) und sagt spontan und laut einen Satz über die gerade beendete Begegnung.
› Ihr könnt auch Figuren oder Typen benutzen, die ihr bereits einmal beobachtet habt.

Training

Organisation

Ihr bekommt einen Überblick über die Arbeit in diesem Modul.

› Die Spielleitung stellt kurz das Thema und den Ablauf des Moduls vor.

Vortrag mit „Piep" (15 Min.)

Ihr trainiert, allein vor einem Publikum standzuhalten.

› Bildet Fünfergruppen, damit möglichst viele Personen gleichzeitig trainieren können.
› Das Setting: Vier Personen sitzen auf vier Stühlen oder auf dem Boden nebeneinander.

Die fünfte Person steht in einem Abstand von ca. zwei Metern vor der Reihe der Zuhörer und hält einen Zwei-Minuten-Vortrag. Das Thema erhält sie vom Publikum per Zuruf. Der Redner muss sich schnell ein Thema aussuchen.
› Beim Start haben alle Zuhörer den angewinkelten rechten Arm in die Senkrechte gehoben und senken dann den Unterarm langsam in zehn Zeiten/Sekunden (langsam still bis zehn zählen).
› Der Redner muss nun mit allen einzeln intensiven Blickkontakt beim Reden herstellen. Mit jedem Blickkontakt schnellt der Arm des Angeschauten wieder in die Ausgangsposition.
› Das stille Zählen beginnt von vorne.
› Wer sich nicht angeschaut fühlt, senkt langsam weiter seinen Arm. Wenn der Arm ganz gesenkt ist, macht derjenige: „Piep – piep – piep" und der Redner muss versuchen, schnell wieder Blickkontakt herzustellen, dann nimmt derjenige seinen Arm erneut hoch (um ihn gleich wieder langsam zu senken).
› Der Angeschaute entscheidet, ob der Blickkontakt wirklich hergestellt wurde. Wenn ja, dann muss er sofort seinen Arm wieder ganz nach oben strecken.
› Der Redner muss das Piepen möglichst verhindern.
› Der Schwierigkeitsgrad der Übung steigt, wenn noch mehr Personen zuhören. Versucht die Übung später mit der ganzen Gruppe.

Reflexion

› Hat der Vortragende zu jedem Zuhörer Blickkontakt aufgenommen?
› Wie hat dieser Blickkontakt Redner und Zuhörer beeinflusst?
› Worin liegen die besonderen Wirkungen eines deutlichen Blickkontaktes?
› Welche Schwierigkeiten treten dabei auf?

Gestaltung

Ihr trainiert mit Solodisziplinen des Impro-Theaters eure Schlagfertigkeit und Kreativität.

Impro-Disziplinen

Experte für Begriffskombinationen aus: Tier und Maschine oder Sportart und Pflanzenwelt (20 Min.)

› Das Publikum wird nach zwei Begriffen aus unterschiedlichen Gattungen bzw. Bereichen befragt. Beispielsweise wird als Begriff aus der Tierwelt „Zebra" genannt und aus der Maschinenwelt der Begriff „Bohrer". Der Redner muss nun die beiden Begriffe „Zebra" und „Bohrer" kombinieren, beispielsweise zu „Zebrabohrer" oder „Bohrerzebra". Danach erläutert er in der Rolle eines Experten kompetent und eloquent dem Publikum in einem Kurzvortrag, was diese Begriffskombination bedeutet, wo sie vorkommt, welchen Nutzen sie hat, welche Gefahren damit verbunden sind usw.
› Andere Begriffskombinationen sind denkbar, z. B. eine Sportart und eine Pflanze könnten verbunden werden. Hockey und Geranien werden so zu „Geranienhockey" oder zu „Hockeygeranien".
› Das Publikum darf am Ende Fragen an den Experten stellen.

Bester Verkäufer (10 Min.)

› Zwei oder drei Personen stellen sich auf weit voneinander entfernte Stühle im Raum.
› Die Spielleitung sagt an, welche Gegenstände anzupreisen sind.
› Alle anderen Personen sind Passanten, die immer dorthin gehen, wo sie am meisten verstehen bzw. am besten unterhalten werden.

› Mögliche Waren: Bratpfanne mit Radio, Spray gegen Untreue, Strumpfband-Entfärber, Tanzhosentaschentücher, Eierkocher mit Konsistenzscanner, Waage mit Angabe von Vergleichsgewichten, ein Tannenbaum fürs ganze Jahr usw.

Expressive Körpersprache

Zwei auf der Parkbank – ein Dritter kommt dazu (10 Min.)

› Zwei Stühle nebeneinander symbolisieren eine Parkbank. Ein Freiwilliger setzt sich auf einen der Stühle. Ein Zweiter kommt hinzu und beginnt mit dem Ersten ein Gespräch. Wenn der Erste keine Lust mehr auf das Gespräch hat, findet er einen Grund, die Bank zu verlassen, und der Zweite bleibt allein. Jetzt kann ein neuer Spieler (der eine Idee für ein Gespräch, einen Typen/eine Figur hat) kommen.

Variationen:
› Alle hinzukommenden Spieler bleiben sitzen und es kommt zur Kontaktaufnahme aller.
› Der jeweils neu Hinzukommende führt ein neues Thema ein, auf das alle anderen einsteigen. Er hat die entgegengesetzte Meinung dessen, der vor ihm auf der Bank Platz genommen hatte. Dabei können alle anderen Spieler variationsreich jeweils dem einen oder dem anderen zustimmen und auf diese Weise ständig ihre Meinung ändern (Bitte immer begründen!). Es kommt zu einem Spiel von Anpassung und Widerstand. Benutzt als Spielimpulse auch Statusveränderungen.
› Erfindet weitere Variationen.

Nicht der schnelle Witz oder die Fokusverschiebung unter die Gürtellinie verleihen Figuren Tiefe und Glaubwürdigkeit, sondern die Darstellung ihres Facettenreichtums und ihrer inneren Widersprüche.

Schizo-Blind-Date (20 Min.)

› Bildet Vierergruppen.
› Setting: Zwei Personen treffen sich zu einem ersten Date.
› Die erste Person spielt während des Treffens durchgängig eine Figur.
Die zweite Figur wird abwechselnd von den drei anderen Darstellern gespielt.
Die erste Figur spielt so weiter, als ob sie den Wechsel nicht wahrnimmt.

› Legt für die drei wechselnden Figuren Folgendes fest:
1. Figur: einen Tic
2. Figur: ein Hobby
3. Figur: eine Phobie

Reflexion

› Welche Tics, Hobbys und Phobien funktionieren besonders gut?

→ List, Volker: CD-ROM Theaterübungen, S. 110

› Weitere Solo-Disziplinen und Disziplinen mit wenigen Darstellern: „Zwei begegnen sich auf einem schmalen Steg", „Ein Dialog mit ‚Ja.' und ‚Nein.'", „Die Geschichte einer Erfindung", „Verkaufsgespräch mit Schimpfworten", „Jemand will auf einen besetzten Stuhl", „Begriffspaare (Taschenmesser und Apfel, Pinsel und Farbe ...) unterhalten sich", „Verschiedene Reisende in einem Zugabteil"

Verrücktes Date

Hausaufgabe

› Legt die Spielleitung für das nächste Modul fest
› Ihr habt inzwischen einige Erfahrungen im Zusammenhang mit dem Impro-Theater gesammelt. Wertet diese Erfahrungen aus, indem ihr in euer Probentagebuch schreibt:
- welche Übungen und Disziplinen euch besonders gut gefallen,
- mit welchen Übungen und Disziplinen ihr besonders gut zurechtkommt,
- welche Elemente in euren Impros immer wieder in gleicher oder ähnlicher Weise vorkommen (gute Spielkombinationen von Spielern, Figuren, Themen und Impulsen, Slaps, Running Gags, Wortwitzen, Tics usw.).

→ Modul 12, S. 78 ff.

› Ergänzt die Liste und führt sie selbstständig nach den nächsten Modulen fort.
Ihr benötigt diese notierten Erfahrungen im Modul 12, Lazzi und ästhetische Mittel.

Abschluss

Zwei mit einer Stimme (3 Min.)

› Wiederholt die Übung „Zwei mit einer Stimme" aus Modul 5 auf Seite 40.
› Wählt als Thema: Worauf ich bei Solodisziplinen und Disziplinen mit mehreren Spielern achte.

Fachbegriffe und Theorie-Impuls

Poetische Wahrheit und Wirklichkeit

Unser Leben ist hochkomplex. Es zu verstehen, überfordert uns. Also suchen wir nach Möglichkeiten, uns einfache Bilder vom Leben zu machen, die uns wenigstens eine grundsätzliche Orientierung geben und wie *Ikons* durch die Welt führen.
Leider vergessen wir dabei allzu oft, dass unsere Bilder, die wir uns von der Welt machen, starke Reduzierungen sind, manchmal nur schwarz/weiß – hier die Guten, dort die Bösen. Diese *Stereotypien* helfen uns durch den Alltag, bieten uns schnelle erste Orientierung und vermitteln ein Gefühl von Sicherheit in Entscheidungs- und Konfliktsituationen. Bleiben wir allerdings diesem einfachen Wahrnehmungsmuster verhaftet, haben wir ein Problem. Wir können uns nur noch sehr schwer verändern und veränderten Umständen anpassen, da die Brücken zwischen den einfach gestrickten Weltdeutungsmustern fehlen und für Nuancen und differenzierte Facetten kein Platz ist.

Anspruchsvolles (Impro-)Theater sucht immer wieder den Brückenschlag bzw. wagt die Gratwanderung zwischen der Darstellung der *Stereotypie* und ihrer Auflösung, zwischen dem *Klischee* und seiner *Brechung*, es bedient das *Vorurteil* und stellt es in Frage.
Es gilt eine lebendige Balance herzustellen zwischen der Darstellung der einfachen Muster und ihrer Brüchigkeit.
Wir nutzen quasi die Plattheit und Eindimensionalität von Klischees als Köder für das Publikum – weil Klischees so schön eingängig sind –, locken die Zuschauer aber dann mit einem zweiten Blick unter die Oberfläche; dort ist alles differenzierter, variationsreicher und auch widersprüchlicher – so wie das wahre Leben eben tatsächlich ist. Erst in diesem Moment berühren wir den Zuschauer wirklich, speisen ihn nicht ab mit abgeschmacktem Witz, z. B. den Klischees über Minderheiten oder mit Pseudo-Tabubrüchen wie einfallslosen Anspielungen unter die Gürtellinie.

Wie schaffen es (Impro-Theater-)Spieler, in wenigen Minuten einem Thema, einer Figur und einer Darstellung Kontur und Tiefe zu verleihen? Wie entstehen glaubwürdige Geschichten auf der Bühne? Wie inspirieren sich Impro-Spieler?
Achtsame Spieler bleiben in der Anfangsphase einer Szene zunächst eine Weile (etwa eine halbe Minute lang) bei sich, bei ihrer Rolle am genannten Ort. Sie vollführen „kleine Handlungen" (vgl. Konstantin S. Stanislawski) und finden darüber Motive, Gefühle, und Themen (auch Ängste, Tics und bestimmte Sprechweisen) für ihre Figuren, zeigen sie und stellen sie dar. Das Publikum erkennt typische, klischeehafte Figuren. Die Figuren treten in Interaktion, denn jedes sichtbare/gespielte Merkmal einer Figur, jede kleine Handlung, ist auch immer ein Angebot an die Mitspielenden, und damit baut jede Figur für die anderen Figuren *Spielplattformen* auf, auf denen sich diese nun leicht bewegen können.
Die Annahme eines ersten Angebotes bildet den Beginn eines *Spannungsbogens*, das Publikum wird neugierig darauf, wie die Figuren ihre Motive umsetzen.

Da die Spieler alle Angebote annehmen, ergibt sich ein intensives Bezugnehmen der Figuren aufeinander. Diese Grundkonstellation bietet die Chance und erleichtert es den Spielern, ihre Figuren aus ihrer *Klischeehaftigkeit*, ihrer *Eindimensionalität* herauszuholen. Sie nutzen ihre Neugier auf die andere Figur als Triebkraft und können so unter deren einfarbige Oberfläche schauen. Plötzlich zeigt sich beispielsweise in einer Impro-Szene hinter dem grobschrötigen Metzger ein Mensch mit einem warmen Herzen und großer Tierliebe, der täglich mit einem schweren Konflikt leben muss. Das Publikum ist berührt.

WEITERFÜHRENDE LITERATUR

› Goethe, Johann Wolfgang von: Dichtung und Wahrheit. Eine Auswahl herausgegeben von Walter Schafarschik. Verlag Philipp Reclam jun. GmbH, Stuttgart 1993.
› List, Volker/Pfeiffer, Malte: Kursbuch Darstellendes Spiel. Grundkurs 2, Modul 9: Figuren im Spiel. Ernst Klett Verlag, Stuttgart 2009, S. 99–102 und S. 235 f.
› Mrak, Katharina: The Method – Ein Überblick über die Schauspieltheorie nach Konstantin S. Stanislawski und Lee Strasberg. Grin Verlag GmbH, München 2007.
› Simhandl, Peter: Stanislawski Lesebuch. Sigma Medienwissenschaft, Edition Sigma, Berlin 1992.
› Stegemann, Bernd: Stanislawski Reader. Die Arbeit des Schauspielers an sich selbst und an der Rolle. Henschel Verlag, Berlin 2007.

7 Disziplinen mit der ganzen Gruppe

Ihr trainiert eure Kompetenzen, in der gesamten Gruppe angemessen zu agieren und einen Fokus zu schaffen, an dem sich alle orientieren.

Aufwärmen

Szenisches Aufwärmen mit Genremusik und Feedback (10 Min.)

› Beginnt mit einem szenischen Aufwärmen nach dem Muster, wie es im Modul 2 auf Seite 17 beschrieben ist, und trainiert eure Imaginationskraft, achtet auf die Spielangebote eurer Partner und vor allen Dingen trainiert, nicht zu blockieren, wenn euch ein Spielangebot unterbreitet wird.
› Ihr könnt aber auch die folgende Übung zum Aufwärmen benutzen:

Karrakass und Enano (15 Min.)

Ihr erlebt und trainiert das Wechselspiel zwischen eigenen Impulsen in der Gruppe und der Anpassung an die Aktionen der ganzen Gruppe mit dem Ziel, einen Fokus für die Handlung auf der Spielfläche zu erschaffen.

› Bildet zwei heterogene Gruppen.
› Die eine Gruppe arbeitet mit dem Fantasiewort „Karrakass", die andere mit „Enano".
› Beide Gruppen sprechen ihr Wort chorisch ständig wiederholend und bewegen sich als Gruppenformation durch den Raum.
› Versucht, alle erdenklichen Bewegungsmuster, Rhythmen, Tempos, Lautstärken, Emotionen in die Interaktion der Gruppen einfließen zu lassen.
› Achtet sehr genau darauf, welche Impulse die andere Gruppe mit ihren Aktionen setzt, und achtet auch darauf, wie die eigene Gruppe chorisch agiert. Nutzt Statusveränderungen, um euer Spiel differenziert und variationsreich zu machen. Lasst euch von der Vielfältigkeit der Bewegungen und Handlungen überraschen und geht mit der Energie der Gruppe mit.

Variation:
› Bildet geschlechtsspezifische Gruppen und reflektiert in der Nachbesprechung, ob die Übung anders verlief als in den heterogenen Gruppen und welche Unterschiede es gab.

Training

Organisation

Ihr bekommt einen Überblick über die Arbeit in diesem Modul.

› Die Spielleitung stellt kurz das Thema und den Ablauf des Moduls vor.

West-Side-Story (20 Min.)

Ihr trainiert präzises und schnelles Agieren in der Gruppe immer auf der Suche nach dem Fokus.

› Stellt euch in zwei Gruppen gegenüber in größerem Abstand auf.
› Jede Gruppe bildet zwei oder mehr Reihen hintereinander und legt jeweils einen Anführer fest.
› Diese stehen etwa zwei Schritte vor jeder Gruppe.
- **Takt 1:** Ein Anführer geht nun einen Schritt nach vorne in Richtung des anderen Anführers und dessen Gruppe zu.
- **Takt 2:** Seine eigene Gruppe folgt ihm zeitversetzt einen Schritt.
- **Takt 3:** Nun weicht der andere Anführer einen Schritt zurück.
- **Takt 4:** Danach weicht auch dessen Gruppe einen Schritt zurück.

› Hat die eine Gruppe die andere bis an die Wand zurückgedrängt, werden die Rollen getauscht und die bisher zurückweichende Gruppe ist jetzt die aktive und rückt vor.

Variationen:
› Zu den Schritten werden rhythmische Bewegungen und/oder Geräusche gemacht. Das Tempo wird erhöht. Unbedingt auf einen gemeinsamen Rhythmus achten (Synchronität).
› Spielt und improvisiert mit diesem chorischen Bewegungsmuster. Erfindet neue und schwierigere Varianten. Kombiniert beispielsweise diese Übung mit dem klassischen Duell aus dem Film „High Noon".
› Zwei Anführer stehen sich mit ihren Gruppen gegenüber. Wer macht den ersten Schritt? Wer rückt vor? Wer weicht zurück? Gibt es plötzlich Überläufer, die zur gegnerischen Gruppe wechseln und diese verstärken? Was passiert, wenn nur noch eine Person allen anderen aus der Gruppe gegenübersteht? Behält sie die Oberhand und dominiert alle? Kann die Gruppe diese Person durch eine gemeinsame Aktion „stürzen"?
› Achtet ständig darauf, wo sich ein Fokus entwickelt, und verhaltet euch so, dass dieser Fokus für ein mögliches Publikum deutlich sichtbar wird. Nehmt euch zurück, wenn es hilft, oder setzt einen Impuls, wenn ihr glaubt, dass es noch keinen Fokus im Spiel gibt.

Expressive und dynamische Spieler dominieren oft das Spielgeschehen. Introvertierte und zurückhaltende Spieler bleiben eher passiv. Die Übungen dieses Moduls geben Spielern Gelegenheit, das eigene Temperament bewusst wahrzunehmen und es einmal in Frage zu stellen, das heißt, andere Verhaltensmuster auszuprobieren (Statusveränderung). Die „Rampensau" nimmt sich bewusst zurück und der ewige Statist trumpft einmal als Anführer und Boss auf.

Gestaltung

Impro-Disziplinen

Foto-Präsentation (20 Min.)

Ihr trainiert schwierige Disziplinen des Impro-Theaters.

› Das Publikum bestimmt das Thema des Vortrages eines Redners.
› Dieser steht an der Bühnenrampe im Spot und beginnt seinen Vortrag.
› Hinter ihm – im Dunkeln und für den Redner nicht sichtbar (er darf sich auch nicht umdrehen und schauen) – bildet die Gruppe, während er schon zum Thema spricht, schnell beliebige Gruppen-Standbilder, aber keine Illustrationen zum Vortrag. Die Gruppe agiert still.
› Der Referent deutet an, was auf seinem ersten Foto zu sehen sein wird.
› Das Licht hinter ihm geht an und das erste Foto – das Standbild der Gruppe – wird für alle sichtbar. Der Referent schaut sich das Foto nun auch an und erläutert es.
› Licht aus.
› Dies geschieht mit drei bis fünf Foto-Standbildern.
› Orientiert sich die Gruppe beim Bau ihrer Standbilder am Vortrag des Referenten, dann hat es dieser meist sehr leicht, weil er „Abbildungen" dessen sieht, wovon er gerade gesprochen hat. Das wird aber für das Publikum schnell langweilig. Die Schwierigkeit für ihn – und der Unterhaltungswert für das Publikum – erhöhen sich, wenn die Gruppe sich nicht an seinem Vortrag orientiert, sondern beliebige Gruppenformationen stellt. Auch abstrakte Aufstellungen wie geometrische Figuren o.Ä. fordern den Referenten stärker, die Lücke zwischen dem, was er gerade gesagt hat, und dem Foto kreativ in seinem Vortrag zu schließen.

› Die Rolle des Redners sollte von mehreren Spielern ausprobiert werden, da hierbei auch weniger körperlich expressive Darsteller glänzen können. Die Gruppe kann testen, wie gut sie schon ohne oder mit äußerst wenig verbaler Kommunikation kooperiert.

Typische Fehler bei Gruppenaktionen
Bei Gruppenaktionen wollen zu viele ihre Ideen einbringen. Es entsteht kein Fokus, sondern Chaos.
Immer wieder setzen sich die gleichen Spieler mit ihren Impulsen durch. Andere kommen nicht zum Zuge, weil sie sich zunächst einmal – richtigerweise – zurückhalten.
Eine Geschichte wird zu komplex und verwirrend, wenn zu viele Impulse/Angebote gemacht bzw. aufgegriffen werden.

Klares Standbild

Autor schreibt (30 Min.)

› Ein Autor sitzt auf der Rampe mit dem Rücken zum Publikum vor einer imaginierten Schreibmaschine und schreibt einen Roman.
› Das Publikum gibt das Genre vor, z. B. Krimi, Liebesgeschichte o. Ä.
› Die restlichen Mitglieder der Gruppe sitzen am Bühnenrand.
› Alles, was der Autor schreibt (laut spricht), muss von den Anderen auf der Bühne sofort dargestellt und gespielt werden; Figuren und auch Gegenstände.
› Der Autor soll zunächst nur wenige Figuren erfinden und diese Figuren auch reden lassen. Selbstverständlich muss er ständig Regieanweisungen geben und Subtexte erfinden, um seine Figuren lebendig werden zu lassen.
› Dem Autor kann als Hilfe ein Souffleur zugeordnet werden, der ihn beim Management des Bühnenensembles unterstützt.
› Auch hier sollte die Rolle des Autors und des Souffleurs von mehreren Spielern ausprobiert werden, da hierbei auch weniger körperlich expressive Darsteller glänzen können.
› Die Gruppe kann testen, inwieweit sie ihre Achtsamkeit entwickelt hat und hilfreiche Impulse, z. B. durch Sprechtexte gibt und Verantwortung für die Entwicklung des jeweiligen Fokus übernimmt.

→ **Weiterführende Literatur, S. 54: List/Pfeiffer, Kursbuch Darstellendes Spiel**

Bei der Beurteilung von Gruppen-Disziplinen hilft es, wenn öfter eine oder zwei Personen die Rolle von Zuschauern übernehmen und der Gruppe anschließend Feedback geben.

→ List, Volker: CD-ROM Theaterübungen, S. 110

› Weitere Beschreibungen von Gruppen-Disziplinen des Impro-Theaters wie z. B. „Eine Geschichte gemeinsam erfinden mit ‚Ja genau!'", „Die Hauptperson fehlt", „Zeitungstheater", „Partygäste", „Vom Bankett zum kleinen Stück" findet ihr auf der CD-ROM Theaterübungen.

Hausaufgabe

› Beobachtet das Verhalten unterschiedlicher Gruppen in eurem Alltag. Welche spezifischen Dynamiken entwickeln beispielsweise Fußball-Fangruppen, Sport-Mannschaften, Familien, Wandergruppen, Wartende usw.? Wer gibt Impulse in den Gruppen? Wie entsteht ein Fokus in diesen Gruppen? Wie können diese Beobachtungen das Spiel im Impro-Theater bereichern?

→ Modul 8, Übung: Bilder einer Ausstellung, S. 56

› Die Spielleitung des nächsten Moduls wird festgelegt und bereitet sich vor, das Modul anzuleiten. Hierzu sind mehrere Musikabspielgeräte für Kleingruppen erforderlich.

Abschluss

Zählen von 1 – bis 20 (5 Min.)

› Alle stehen im Kreis, peripherer Blick, entspannte Konzentration.
› Ohne Kommando beginnt jemand zu zählen. Er beginnt mit „eins".
› Ein Zweiter zählt weiter „zwei". Sprechen zwei Personen gleichzeitig, muss jemand wieder von vorne mit der „Eins" beginnen.
› Wer welche Zahl nennt, ist nie vorbestimmt und ändert sich bei jedem Neubeginn.
› Gelingt es der Gruppe, bis zur Zahl 20 zu kommen, stellt sich eine enorme Erleichterung ein.
› Diese Übung trainiert die Konzentration in der Gruppe, das Ensemblegefühl. Jeder muss für sich entscheiden, ob und wann er dran ist.

Fachbegriffe und Theorie-Impuls

Wie Gruppen ticken

Menschenansammlungen können ab einer bestimmten Größenordnung schnell eine *Eigendynamik* entwickeln.
Der Einzelne kann leicht in der *Gruppe* aufgehen, seine Individualität und sein Verantwortungsgefühl verlieren. Gegebene Impulse können schnell extrem verstärkt werden und sind dann in ihren Auswirkungen nicht mehr kontrollierbar (Massenpanik, Plünderungen oder im positiven Fall: die überschäumende Begeisterung vieler Menschen bei Konzerten oder Sportveranstaltungen).

Auch eine *Impro-Gruppe* unterliegt grundsätzlich dieser Dynamik und die Spieler müssen lernen, schnell zu entscheiden, welcher Impuls für einen Spiel-Fokus in ihren gemeinsamen Aktionen geeignet ist. Alle müssen diesen *Fokus* respektieren und so handeln oder nicht handeln, dass dieser Fokus – für die Zuschauer sichtbar – entfaltet wird.
Die besondere Schwierigkeit dieser Aufgabe liegt darin, dass sich Spieler sehr zurücknehmen müssen, wenn ein Fokus gefunden ist, an dem sie nicht unmittelbar beteiligt sind, unter Umständen werden sie sogar zum *Statisten* am Bühnenrand. Hier dürfen sie aber nicht aus ihrer *Rolle* fallen und zu privaten Zuschauern des Geschehens werden, sondern sie müssen ihre Körperspannung, ihre Präsenz aufrechterhalten. Sie spiegeln bestenfalls die Aktion, die gerade im Fokus steht, indem sie ihre Gefühle dazu mimisch-körpersprachlich zeigen.
Zu Beginn eines Improvisations-Trainings neigen *Spiel-Gruppen* dazu, zu viele Impulse zu setzen; jeder will seinen guten Einfall loswerden und nur wenige halten sich zurück und achten auf die Angebote der anderen Mitspieler.
In dieser Phase benutzen achtsame Spieler ihren peripheren Blick und halten sich – mit „kleinen Handlungen" beschäftigend – zunächst zurück.
Das ist ein hartes Training für sogenannte „Rampensäue", die sich gerne in den Vordergrund spielen.

WEITERFÜHRENDE LITERATUR/LINKS

› List, Volker u. a.: Großgruppenverfahren. Lebendig lernen – Veränderung gestalten. Springer Medizin Verlag, Heidelberg 2008.
› List, Volker/Pfeiffer, Malte: Kursbuch Darstellendes Spiel. Aufbaukurs 1, Modul 4: Thema strukturieren. Aufbau des fünfaktigen Dramas. Ernst Klett Verlag, Stuttgart 2009, S. 141 f.
› www.kolping-augsburg.de/jugend/tuwas/tuwas-thema-spiele.pdf

8 Musik und Geräusche

Ihr lernt die Impulskraft von Geräuschen und Musik kennen und für die Darstellung auf der Bühne zu nutzen.

Aufwärmen

Szenisches Aufwärmen mit Genremusik und Feedback (10 Min.)

› Beginnt mit einem szenischen Aufwärmen nach dem Muster, wie es im Modul 2 auf Seite 17 beschrieben ist, und trainiert eure Imaginationskraft, achtet auf die Spielangebote eurer Partner und vor allen Dingen trainiert, nicht zu blockieren, wenn euch ein Spielangebot unterbreitet wird.
› Ihr könnt aber auch die folgende Übung zum Aufwärmen benutzen:

Bilder einer Ausstellung/Teil 1 (20 Min.)

Ihr erlebt Musik als Impuls für Assoziationen und lasst euch inspirieren für Darstellungen auf der Spielfläche.

› Die Spielleitung sucht fünf bis acht Lieder aus dem Zyklus „Bilder einer Ausstellung" von Modest Mussorgski oder „Pictures at an Exhibition" von Emerson, Lake and Palmer aus.
› Alle ausgewählten Lieder werden hintereinander vorgespielt, und zwar jedes Lied nur etwa ein bis zwei Minuten lang.
› Alle suchen sich einen bequemen Platz im Raum und schließen die Augen, während die Musik läuft.
› Nach diesem ersten Durchlauf werden die Liedausschnitte noch einmal abgespielt, aber nach jedem Lied wird gestoppt.
› Wer eine Assoziation zu dem Liedausschnitt hat, ruft diese laut in den Raum. Das kann eine Idee für einen Ort sein, für ein Buch oder einen Film, für Personen oder Fortbewegungsarten, ein Gefühl. Wichtig ist, dass ihr euch direkt von der Musik inspirieren lasst und euren ersten Einfall, euren ersten Gedanken laut aussprecht.
› Es gibt keine falschen Einfälle. Alle Ideen sind „richtig".
› Wenn ihr eine zweite oder dritte Idee habt, dann ruft diese auch in den Raum, so dass sie alle hören können. Auf diese Weise erschafft ihr ein Geflecht von Assoziationen, das euch zu einer Spielhandlung anregen kann.

Reflexion

› Tauscht euch in der Nachbesprechung dieser Übung darüber aus, in welcher Weise euch eine bestimmte Musik zu bestimmten Gedanken angeregt hat und wie es kommt, dass viele Menschen zu einer ähnlichen Musik auch ähnlich empfinden und ähnliche Bilder im Kopf entwickeln.

Training

Organisation

Ihr bekommt einen Überblick über die Arbeit in diesem Modul.

› Die Spielleitung stellt kurz das Thema und den Ablauf des Moduls dar.

Bilder einer Ausstellung/Teil 2 (30 Min.)

Ihr setzt musikalische Impulse in Bühnenhandlung um.

› Bildet Fünfer- oder Sechsergruppen.
› Die Spielleitung teilt jeder Gruppe eines der zuvor gehörten Lieder zu.
› Jede Gruppe hört sich noch einmal ihr Lied an, assoziiert in der Gruppe zu diesem Lied und entwickelt eine kleine Szene, die durch dieses Lied angeregt wurde. Hierzu hält die Spielleitung entsprechende Musikabspielgeräte bereit oder organisiert vorab, dass jede Gruppe ihr Lied nochmals hören kann.
› Präsentiert eure kleinen Lied-Szenen anschließend vor der gesamten Gruppe und holt euch ein kurzes Feedback; erfragt auch, welche Gruppe, welche musikalischen Impulse, auf welche Weise in Darstellung und Handlung auf der Spielfläche umgesetzt hat.
Das Feedback sollte Bemerkungen zu angewandten ästhetischen Mitteln (Tempoveränderungen, chorischen Aktionen usw.) und Kompositionsmethoden enthalten.
› Benutzt immer wieder das Feedback-Muster, indem ihr einerseits gelungene und wirkungsvolle Umsetzungen lobt, beschreibt und begründet und andererseits Anregungen für die Weiterarbeit gebt, indem ihr Wünsche an die Darsteller formuliert und begründet. Vermeidet Negativ-Formulierungen, weil diese leicht zu Abwehrreaktionen führen können.

Vertiefung:

Ihr spürt den Zusammenhängen zwischen bildlichen, musikalischen und darstellerischen Impulsen und Formen nach und beschreibt diese.

› Die Spielleitung hat Zeichnungen und Bühnenentwürfe von Viktor Hartmann besorgt, von denen sich Mussorgski inspirieren ließ, und zeigt sie der Gruppe.
› Sprecht in diesem Fall auch darüber, auf welche Weise diese bildlichen Impulse in Musik umgesetzt wurden, die euch dann wiederum zu Spielhandlungen auf der Bühne inspiriert haben.

Einzelaktion – Gruppenrefrain (10 Min.)

› Stellt euch im Kreis auf.
› Eine Person steht in der Mitte und wiederholt ständig eine einfache Bewegung im Gehen, Stehen oder Liegen und spricht dazu einen Satz.
› Jemand im Kreis hat eine Idee für eine begleitende Rhythmisierung durch Bewegung und/oder Sprache, die alle anderen sofort nachahmen.
› Die Gruppe bildet so einen Background oder einen Refrain. Achtet darauf, dass ihr immer für ein Publikum spielt („vierte Wand").
› Habt ihr eine wirkungsvolle Kombination gefunden, dann wiederholt diese mehrmals, bis die Gruppe als Ganzes stimmig agiert.
› Sprecht anschließend darüber, wie ihr diese Darstellung hergestellt habt und was sie wirkungsvoll macht. Setzt diese Kompetenz bei den nächsten Übungen und Disziplinen ein.

Gestaltung

Impro-Disziplinen

Ihr trainiert schwierige Disziplinen des Impro-Theaters mit musikalischen Elementen.

Das klingt nach einem Lied (10 Min.)

› Improvisiert in Kleingruppen spontan eine Szene.
› Wer einen schönen Satz hört, ruft laut „Stopp! – Das klingt nach einem Lied." Er wiederholt diesen Satz. Die Spieler verharren im Freeze. Die Person, die diesen Satz gesprochen hat, tritt vor und improvisiert ein Lied. Dies kann sie frei oder auch nach einer bekannten Melodie tun.
› Wer aus der Gruppe eine Idee hat, löst sich aus dem Freeze und unterstützt die Sängerin oder den Sänger dadurch, dass er beispielsweise mitsummt, eine Bewegung macht und wiederholt oder einen Refrain singt.
› Auf diese Weise kann die Gruppe als Ganzes agieren, wie das z. B. in Musicals oft der Fall ist.

Fokussierte musikalische Ensemblearbeit

Autor schreibt – Musical (15 Min.)

→ Modul 7, S. 52

› Legt ein Setting nach dem Muster der Disziplin „Autor schreibt" fest, wie es im letzten Modul beschrieben wurde.
› Als Genre wählt ihr das Musical.
› Die Gruppe legt das Thema fest, z. B. „Highschool" und der Autor beginnt zu schreiben.
› Neben Spielszenen gibt der Autor jetzt öfter musikalische Anregungen entsprechend der Übung „Das klingt nach einem Lied". Auch Mitspieler im Ensemble können diesen Impuls geben, wenn sie das Gefühl haben, an dieser Stelle könnte das Spiel durch ein Lied bereichert werden.

→ Modul 8, S. 56

Erkundet in eurer Gruppe, wer ein Instrument spielen kann. Bittet die Person, die musikalischen Phasen in eurem Musical improvisierend zu begleiten. Manchmal reichen ein paar wenige Akkorde, um die Sänger auf der Bühne zu unterstützen und zu begleiten.
Learning by doing. – Seid mutig! – Auch scheitern gehört zum Handwerk.
Das Publikum belohnt Mut.

Variation:
› Spielt die Disziplin „Autor schreibt" mit einem beliebigen Genre, z. B. einem Western oder einem Märchen.
› Der Autor gibt nun viele Anregungen für Geräusche.
› Alle Spieler, die am Rand sitzen und gerade nicht spielen, machen diese Geräusche spontan und illustrieren damit akustisch die Szenerie. (Spielt die Szene beispielsweise in einem Schwimmbad, dann machen alle am Rand typische Schwimmbad-Geräusche.)
› Weitere Beschreibungen von Impro-Theater-Disziplinen mit akustischen Elementen wie „Geräusche machen" (emotionale Geräusche, Geräusche des Waldes, …) findet ihr auf der CD-ROM Theaterübungen.

→ List, Volker: CD-ROM Theaterübungen, S. 110

Mit Hilfe von Geräusch-Aufnahmen, wie sie auch in Studios zur Filmbearbeitung genutzt werden, könnt ihr eure Szenerie akustisch bereichern. Elektronische Keyboards verfügen über zahlreiche Möglichkeiten, entsprechende Geräusche als Off-Ton schnell in eine laufende Szene einzuspielen, z. B. Telefonklingeln, Polizeisirenen oder Schüsse.

Hausaufgabe

› Legt die Spielleitung des nächsten Moduls fest. Diese bereitet sich dann darauf vor, das Modul anzuleiten.
› Lest den Theorie-Impuls zu diesem Modul.
› Ein Technik-Team sammelt klassische Filmmusiken als Audio-Dateien, besorgt eine digitale Geräusche-Sammlung oder stellt selbst eine zusammen und setzt diese bei kommenden Proben ein.

Abschluss

Verschiedene Orte hören (5 Min.)

› Nacheinander treten Einzelne vor die Gruppe und sagen einen Satz, der exemplarisch ist, für eine bestimmte Situation oder einen bestimmten Ort, z. B.: „Der ICE aus Hamburg hat zehn Minuten Verspätung."
› Alle machen nun sofort die verschiedensten Geräusche, die in der Umgebung eines Bahnhofs zu hören sind.
› Der Nächste tritt nach vorne usw.

Fachbegriffe und Theorie-Impuls

Wirkungsvolle Akustik

Geräusche und Musik üben eine starke Wirkung auf die *Imaginationskraft* des Menschen aus, weil sie unmittelbar seine Emotionalität berühren. Das Auge führt den Menschen in die Welt, das Ohr führt die Welt in den Menschen (J.E. Berendt). Diese Erkenntnis nutzt das (Impro-)Theater, um die Wirkungspalette seiner Impulse zu differenzieren und zu verstärken. Auch in diesem Bereich hilft das Klischee, weil Klischees sehr vielen Menschen bekannt sind und Orientierung geben.
Klischeehafte Musik macht sich bestimmte *Gattungsmerkmale* zu eigen und reduziert sie auf ihre wesentlichen Elemente; diese werden nicht allzu variationsreich wiederholt, z. B. bei der populären Volksmusik. Den „Hochzeitsmarsch" oder Beethovens „9. Sinfonie" glauben viele Menschen zu kennen, weil sie ein paar Takte davon, die sie oft gehört haben, erkennen. Zwei Töne des Liedes „The man with the harmonica" von Ennio Morricone aus dem Filmklassiker „Spiel mir das Lied vom Tod" genügen vielen Menschen, um das Lied als diese Filmmusik zu identifizieren. (Ein Klassiker aus den 1960er Jahren ist die Titelmelodie des Kultfilms „Der dritte Mann", den heute kaum jemand mehr kennt.) Klischees in der Musik wirken schnell, sind zeitgebunden und damit eine ideale akustische Impulsgebung für das Impro-Theater.

Aber auch hier gilt für das Impro-Theater der Anspruch, wann immer möglich, das *Klischee* zwar zu nutzen, aber auch zu versuchen, es immer wieder zu brechen bzw. zu konterkarieren. Dies kann geschehen, indem die Musik oder das Geräusch aus dem ursprünglichen Zusammenhang gerissen und in einen anderen Kontext gestellt wird.

→ **Weiterführende Literatur: List/Pfeiffer, Darstellendes Spiel**

Die Wirkung wird überraschen, wenn Morricones Lied zu einer Szene eingespielt wird, in der ein Metzger ein Tier zur Schlachtbank führt. Ähnliche Wirkungen erzielen Film-Regisseure, wenn sie zu martialischen Schlacht- oder Kampfszenen sphärisch klingende Frauenchöre einspielen lassen und damit das bildliche Geschehen von Gewalt und Kampf konterkarieren mit den musikalisch erzeugten Emotionen Traurigkeit, Tod und Vergänglichkeit.

Geräusche und Musik als Impulsgeber

Interessante und überraschende akustische Impulse sind für das Spielteam unerwartet eingespielte Geräusche aus dem Off, wie sie bei der Nachvertonung von Filmen benutzt werden.

Hier einige *Beispiele:*
- In einer Konfliktsituation spielt der Techniker ein Telefonklingeln ein und gibt damit den Spielern Gelegenheit, ihrem Spiel eine Wende (Peripetie) zu geben.
- Ein Schuss lässt eine friedliche Gesellschaft aufschrecken, und die Figuren können eine andere Seite ihres Charakters ausspielen.
- Eine Polizeisirene treibt ein Einbrecherpaar in eine Entscheidungssituation.

Einige Klassiker klischeehafter Genremusik sind der Einzug der Gladiatoren, der Narhalla Marsch, die Filmmusik des „Rosaroten Panthers", der Elephant Walk, die Musik zum Film „Der Herr der Ringe", zu „Kill Bill" oder zu „Fluch der Karibik".
Gut gespielte Live-Musik und live erzeugte Geräusche haben die stärkste Wirkung.

WEITERFÜHRENDE LITERATUR/LINKS

- Berendt, Joachim-Ernst: Das dritte Ohr. Vom Hören der Welt. Traumzeit-Verlag, Battweiler 2007.
- Berendt, Joachim-Ernst: Die Welt ist Klang – Nada Brahma. Hörwerk mit Beiheft auf 4 CDs. Network Medien Cooperative 1988 im Vertrieb von Zweitausendeins.
- Berendt, Joachim-Ernst: Vom Hören der Welt – Das Ohr ist der Weg. Hörwerk mit Beiheft auf 4 MCs. Network Medien Cooperative 1988 im Vertrieb von Zweitausendeins.
- Bundesverband Theater in Schulen e.V. (Hg): Fokus Schultheater 08. Theater. Musik. Hamburg 2009.
- List, Volker/Pfeiffer, Malte: Kursbuch Darstellendes Spiel. Aufbaukurs 1, Modul 10: Kompositionsmethode „Bruch". Ernst Klett Verlag, Stuttgart 2009, S. 159.
- Ebenda: Feedback-Regeln, S. 234 f.
- Müller, Ede: Musikalisierung von Sprache. In: Schultheater 7. Sprechen. Friedrich Verlag, Seelze 2011, Heft 7/11.
- Müller, Werner: Auf die Bühne, fertig, los! Auer Verlag, Donauwörth 1994, S. 167.
- Müller, Werner: Körpertheater und Commedia dell´Arte. Auer Verlag, Donauwörth 2004, S. 150.
- www.freesound.org
- www.myvideo.de/watch/7927503/DER_DRITTE_MANN_KULT_FILM

9 Publikum

Ihr lernt Methoden kennen, das Publikum zu aktivieren und zum Impulsgeber für eure Darstellung zu machen.

Aufwärmen

Szenisches Aufwärmen mit Genremusik und Feedback (10 Min.)

› Beginnt mit einem szenischen Aufwärmen nach dem Muster, wie es im Modul 2 auf Seite 17 beschrieben ist, und trainiert eure Imaginationskraft, achtet auf die Spielangebote eurer Partner und vor allen Dingen trainiert, nicht zu blockieren, wenn euch ein Spielangebot unterbreitet wird.
› Ihr könnt aber auch die folgende Übung zum Aufwärmen benutzen:

Geschichte gemeinsam erfinden mit „Ja genau!" (10 Min.)

Ihr erlebt die Energie von Gruppenimpulsen und trainiert, diese für eure Inspiration zu nutzen.

› Setzt euch in Gruppen zu sechs bis acht Personen zusammen.
› Jemand beginnt beispielsweise mit einem Satz, in dem er von einem vergangenen Erlebnis berichtet: „Wisst ihr noch, als wir neulich gezeltet hatten …?"
› Eine beliebige andere Person fährt fort: „Ja genau! Da waren doch nachts diese merkwürdigen Geräusche!"
› Eine weitere Person: „Ja genau! Wir hatten total Angst!"
› Eine beliebige weitere Person: „Ja genau! Und Kevin war so mutig und ist mit der Taschenlampe und dem Klappspaten los!"
› So entsteht eine spannende Erzählsituation, die kontinuierlich voranschreitet und viel Inspiration erzeugt.

Training

Organisation

Ihr bekommt einen Überblick über die Arbeit in diesem Modul.

› Die Spielleitung stellt kurz das Thema und den Ablauf des Moduls vor.

> Das Publikum ist ein wildes Tier. Gebt ihm Gelegenheit zum Toben, aber haltet es immer unter Kontrolle.

„Ja und dann?" (15 Min.)

Ihr trainiert auf Gruppenimpulse konstruktiv zu reagieren und reflektiert menschliche Grundkonstellationen.

› Eine Person sitzt oder steht einer Gruppe gegenüber; anfangs einer Kleingruppe und später dem gesamten Ensemble.
› Die Person beginnt, eine kleine Geschichte zu erzählen.
› Nach jedem Satz macht sie eine kleine Pause, in der die Gruppe chorisch und auffordernd ruft: „Ja und dann?"
› Nach einer Weile findet die erzählende Person ein Ende der Geschichte.

› Es entsteht eine spannende Erzählsituation, die kontinuierlich voranschreitet und viel Inspiration auslöst.
› Diese Methode eignet sich auch bei der Stückentwicklung, um bestimmte Figuren und Themen zusammenzubringen und Spielmaterial zu erzeugen.

Reflexion

› Welche Figuren, Konflikte, Orte, Situationen tauchen immer wieder in euren Geschichten bzw. Szenen auf?
› Kann man diese immer wiederkehrenden Konstellationen als typisch für Menschen bezeichnen?
› Wenn ja, warum?

Geschichten erzählen mit Stichwortgebern aus dem Publikum (10 Min.)

› Eine Person stellt sich vor die Gruppe und beginnt, eine beliebige Geschichte zu erzählen.
› Aus der Gruppe rufen Personen unaufgefordert von Zeit zu Zeit laut Wörter.
› Diese Wörter muss der Erzähler möglichst bald in seine Erzählung geschickt und sinnvoll einbauen.
› Das Publikum darf natürlich nicht zu viele Begriffe auf einmal rufen.
› Ein Moderator kann festlegen, welche Begriffe der Erzähler in seine Geschichte einbauen muss.
› Nach einer Weile wird der Erzähler von einer Person aus der Gruppe abgelöst.

Gestaltung

Ihr trainiert Disziplinen des Impro-Theaters mit Publikumsbeteiligung.

Impro-Disziplinen

Szene mit Sätzen aus dem Publikum (20 Min.)

› Jeder schreibt auf ein Blatt Papier einen beliebigen Satz. Das kann ein gerade gehörter Satz sein, eine Redewendung, ein Fluch oder ein kleines Stück Poesie.
› Faltet das Blatt einmal zusammen und verteilt alle Blätter durcheinander auf der Spielfläche.
› Zwei Personen spielen nun eine Szene.
› Das Publikum nimmt auf der Rampe Platz und schlägt Figuren und Orte vor.
› Die Spielleitung bzw. der Moderator wählt zwei Figuren und einen Ort für die Darsteller aus und zählt gemeinsam mit dem Publikum ein: „Fünf, vier, drei, zwei, eins, los!"
› Die Darsteller spielen ihre Szene und heben von Zeit zu Zeit sich abwechselnd ein Blatt auf, lesen den Satz darauf vor, zerknüllen das Blatt und werfen es zur Seite.
Sinnvollerweise leiten sie das Vorlesen mit Sätzen ein, wie:
Und da dachte ich mir: … [Satz]
In so einem Fall sagte meine 100-jährige Oma immer mit erhobenem Zeigefinger: … [Satz]
Daraufhin heulte mir meine Freundin vor: … [Satz]
In der SMS stand knallhart: … [Satz]
Daraufhin schrie mich mein Chef wütend an: … [Satz]
Ich habe dir schon hundert und tausend Mal gesagt: … [Satz]
Ich öffnete den Brief und las mit großer Erschütterung: … [Satz]
Weißt du, was für mich jetzt absolut wichtig und dringlich ist: … [Satz]

Macht euch eine Liste mit vielen möglichen Einleitungssätzen und benutzt diese.

› Selbstverständlich will jeder, der zuvor einen Satz aufgeschrieben hat, dass sein Satz auch benutzt wird, und ist in höchstem Maße gespannt und neugierig auch zu erfahren, was die anderen auf das Blatt geschrieben haben.
› Aus der zufälligen Kombination von Szene und Satz ergeben sich manchmal hilfreiche Impulse für das weitere Spiel und auch Situationskomik.
› Manchmal passt der Satz auch einfach nicht. Für das Publikum wird das Vorlesen umso spannender, je differenzierter die Sätze mit ergänzenden Adjektiven und Adverbien eingeleitet werden.
› Die Spielenden heben nicht alle Blätter auf, sondern beenden ihre Szene, wenn sie das Gefühl haben, dass es passt.

Gemeinsam spielen. Das Publikum als Impulsgeber

„Wie soll die Szene weitergehen?" – Publikumsbefragung (20 Min.)

› Zwei Personen spielen eine Szene.
› Das Publikum bestimmt den Ort, die Figuren und ordnet den Figuren vielleicht noch eine Eigenschaft, eine Phobie oder einen Tic zu.
› Die Spielleitung oder die Moderation zählt nach bekanntem Muster zusammen mit dem Publikum ein: „Fünf, vier, drei, zwei, eins, los!"
› Die Szene beginnt – wie immer – zunächst mit einer halben Minute ruhigem Kreieren des Raumes und der Vorstellung der Figuren, bevor die Spieler interagieren.
› Nach kurzer Zeit ruft die Moderation laut: „Stopp!"
› Die Spieler frieren auf der Spielfläche ein und der Moderator fragt das Publikum: „Wie soll die Szene weitergehen?"
› Aus dem Publikum kommen die verschiedensten Vorschläge.
› Der Moderator wählt eine Anregung aus, die ihm passend erscheint, fordert die Spieler auf, in diesem Sinne weiterzuspielen, und zählt wieder zusammen mit dem Publikum ein.
› Auf diese Weise unterbricht der Moderator mehrmals die Szene.

Variationen:

› Der Moderator bietet dem Publikum anfangs nur Alternativen für einen möglichen Fortgang der Szene an und lässt das Publikum abstimmen oder er befragt das Publikum gezielt, in welcher Weise eine Szene fortgeführt werden soll (beispielsweise ob sich ein Paar ineinander verlieben oder ob es sich streiten soll; ob der Geiz einer Figur ihr Handeln immer stärker dominiert oder ihre Großzügigkeit ...).

Wenn ihr das Publikum nach Anregungen für das weitere Spiel befragt, wird es sehr unterschiedliche Impulse geben. Manche Vorschläge des Publikums sind sehr einfühlsam und können das Spiel auf der Spielfläche befördern.
Es gibt aber auch immer Zuschauer, die mit vermeintlich fantasievollen bzw. kreativen, aber letztlich doch abwegigen Vorschlägen nur provozieren und es dem Team auf der Bühne dadurch besonders schwer machen wollen. Achtung! Es kommen auch immer wieder Impulse, die das Spielgeschehen unter die Gürtellinie verlegen wollen.
Sucht als Moderator die Spielanregungen aus, von denen ihr das Gefühl habt, dass diese eurem Team am besten weiterhelfen, und lasst euch nicht vom Publikum zu schrägen – vermeintlich witzigen – Impulsen hinreißen, die zu Blockierungen bei den Spielern führen könnten.

→ **List, Volker: CD-ROM Theaterübungen, S. 110**

› Weitere Beschreibungen von Disziplinen des Impro-Theaters mit Publikumsbeteiligung wie z. B. „Impulse als Spielanlässe" oder „Schnitt – später" finden sich ausführlich auf der CD-ROM Theaterübungen.

Hausaufgabe

› Viele Übungen und Disziplinen des Impro-Theaters lassen sich so verändern, dass Publikumsbeteiligung möglich ist.

› Prüft alle bisher durchgeführten Übungen und Disziplinen daraufhin, welche sich entsprechend umgestalten lassen.

› Fertigt eine kleine Liste an, in die ihr eintragt, welche Arten von Publikumsbeteiligung ihr im Impro-Theater gefunden habt, und notiert, welche sich besonders gut für welche Zwecke eignen.

→ **Modul 14, S. 85 ff.**

› Diese Liste kann euch gute Dienste bei der Vorbereitung eurer Impro-Show oder eines Theatersport-Matchs leisten.

› Legt die Spielleitung des nächsten Moduls fest. Diese bereitet sich vor, das Modul anzuleiten.

Abschluss

Sucht euch eine Abschlussübung aus der Sammlung Theaterübungen oder macht die folgende Gruppenübung:

Stage Diving (5 Min.)

› Die Gruppe stellt sich dicht zusammen.
› Alle halten die Hände hoch.
› Eine Person stellt sich auf einen Stuhl oder einen Tisch und lässt sich steif auf die Menge fallen.
› Das Publikum fängt die Person auf und trägt sie durch den Raum.
› Der Nächste.

Fachbegriffe und Theorie-Impuls

Die Rolle des Publikums beim Impro-Theater

Was will das Publikum?

Das *Publikum* will beeindruckt, angeregt, unterhalten und informiert werden.
Dazu bedarf es einer starken Wirkung.
Theater lebt im Wesentlichen von der Darstellung von Konflikten, von menschlichen Problemen und Krisen, Dilemmas und Widersprüchen, von Sehnsucht und Enttäuschung, Hass, Rache, Intrige und – wenn auch selten – von erfüllter Liebe in einem Happy End.
Die Darstellung von Harmonie und Glückseligkeit wird schnell langweilig; es passiert nicht viel.
Das *Publikum* will Figuren kämpfen sehen. Ob sie erfolgreich sind oder scheitern, ist dabei sekundär. Sie sollen auf alle Fälle Höhen und Tiefen menschlicher Schicksalskurven durchleben. Je höher der Status einer Figur ist, umso tiefer kann sie fallen. Der Multimillionär verliert sein Vermögen, Ödipus flieht vor seinem prophezeiten Schicksal und rennt ins Verderben – Tragödien. Und in der Umkehrung schafft es ein Tellerwäscher zum Präsidenten eines Landes und ein Bauernjunge wird König Artus.
Das *Publikum* will starke Gefühle nachempfinden, so wie die Figuren auf der Bühne starke Gefühle vorleben. Es will innerlich beteiligt sein. Dagegen wandte sich einst Bertolt Brecht mit seinem Entwurf des *Epischen Theaters*, das aufklären und belehren sollte. Das *Publikum* sollte nicht in einer *Katharsis* (Aristoteles) seine Gefühle und seine Energie verbrauchen, sondern der Handlung auf der Bühne mit wachem Verstand folgen, Schlussfolgerungen ziehen und anschließend im Alltag danach handeln. Aber auch Brecht musste sich eingestehen, dass unterhaltende Elemente für ein *Publikum* bedeutsam sind. Er verwies in seinen Schriften darauf, dass auch ernste Themen in unterhaltsamer Weise dargestellt werden müssten, weil sie sonst das *Publikum* nicht ansprechen, nicht erreichen.

Was darf das Publikum?

Beim Impro-Theater wird das *Publikum* an den Aktionen und Handlungen auf der Bühne beteiligt, es darf Einfluss nehmen. Auch hier finden wir Bezüge zu Brechts *Epischem Theater* und zu Boals *Forumtheater*.

Die Beteiligungsmöglichkeiten für das *Publikum* im Impro-Theater sind vielfältige:
› Feedback zu Szenen mit Rosen und Schwämmen,
› Vorschläge für Spielorte und Figuren,
› Stichwortzettel schreiben, die die Spieler benutzen müssen,

- Stichworte rufen, die die Spieler unmittelbar in ihren Sprechtext einbauen müssen,
- aus vorgegebenen Alternativen für mögliche Szenenfortgänge eine auswählen,
- den Fortgang einer Szene mitbestimmen,
- bei Matchs abstimmen, welche Improvisation die Bessere war.

Viele Übungen und Disziplinen sind abwandelbar und bieten verschiedene Möglichkeiten, das *Publikum* zu beteiligen.
Seid mutig und kreiert selbst solche Möglichkeiten und testet sie aus!
Das *Publikum* unterliegt der gleichen *Dynamik* wie andere große Gruppen auch.
Um diese Dynamik zu steuern, braucht es einen souveränen *Moderator* mit viel Gespür für die Energie einer Gruppe, ob Spieler oder *Publikum*. Diese Energien muss der Moderator erkennen und steuern und darf nicht gegen sie agieren.

→ **Modul 7, Theorie-Impuls, S. 53 f.**

WEITERFÜHRENDE LITERATUR

- Boal, Augusto: Theater der Unterdrückten. Übungen und Spiele für Schauspieler und Nicht-Schauspieler. Suhrkamp Verlag, Frankfurt am Main 1979 und 1989.
- Brecht, Bertolt. Gesammelte Werke in 20 Bänden. Edition Suhrkamp, Frankfurt am Main 1967.
- Brecht, Bertolt. Schriften zum Theater. Suhrkamp Verlag, Frankfurt am Main 2000.
- Fuhrmann, Manfred (Hg): Aristoteles. Poetik. Verlag Philipp Reclam jun. GmbH, Stuttgart 1994.
- Reisyan, Patricia: Aristoteles' „Poetik" und Bertolt Brechts „Die Dreigroschenoper": Ein Vergleich. Grin Verlag. München 2009.

10 Timing – Rhythmus – Dynamik

Ihr trainiert euer Gespür für zeitliche Abläufe und Rhythmisierung und die Abfolge von Szenen und Szenenabschnitten.

Aufwärmen

Szenisches Aufwärmen mit Genremusik und Feedback (10 Min.)

› Beginnt ein szenisches Aufwärmen nach dem Muster, wie es im Modul 2 auf Seite 17 beschrieben ist, und trainiert eure Imaginationskraft, achtet auf die Spielangebote eurer Partner und vor allen Dingen trainiert, nicht zu blockieren, wenn euch ein Spielangebot unterbreitet wird.
› Ihr könnt aber auch die folgende Übung zum Aufwärmen benutzen:

Zeitlupenrennen (10 Min.)

› Stellt euch gemeinsam auf einer Grundlinie auf und „rennt“ auf Kommando in Superzeitlupe zur gegenüberliegenden Wand. Der Letzte hat gewonnen.
Die Umkehrung des grundlegenden Prinzips „Der Schnellste gewinnt“ bringt ansatzlos – auch mit Ungeübten – eine wirkungsvolle Etüde hervor.
› Die Spielleitung hält die Läufer während des Wettkampfes immer wieder an, in extremer Zeitlupe zu agieren und ermuntert auch, „unfaire“ Praktiken einzusetzen. Die Läufer sollen sich gegenseitig behindern und schubsen oder an der Kleidung festhalten, um sich so einen „Vorteil“ beim Rennen zu sichern.
› Ihr erfahrt hier sofort und unmittelbar die Wirkung einer derartigen Stilisierung und erlebt, dass sich solche kleinen Rempeleien und Rangeleien nur angemessen spielen lassen, wenn man sie mit einem oder mehreren Spielpartnern zusammen spielt. Ihr müsst euch, beispielsweise wenn ihr stürzt, gegenseitig so geschickt stützen, dass ihr euch in Zeitlupe fallen lassen könnt.
› Unter Umständen vergessen einige das eigentliche Ziel des Wettlaufes und inszenieren eine wunderschön anzuschauende kleine „Zeitlupen-Massenschlägerei“. Hilfreich für diese Etüde ist eine langsame Musik.

Variationen:
› Die Spielleitung ruft von Zeit zu Zeit laut „Stopp!“ und alle frieren ein. Während dieses Freezes können alle prüfen, ob sie stabile Haltungen haben, z. B. wenn sie sich gerade im Fallen befinden. Dies erfordert eine hohe Körperspannung.
› Die Spielleitung oder ein oder zwei andere Personen können während des „wilden“ Rennens die Rollen von TV- oder Radio-Moderatoren übernehmen und laut den Wettkampf kommentieren und damit auch beeinflussen.

Training

Organisation

Ihr bekommt einen Überblick über die Arbeit in diesem Modul.

› Die Spielleitung stellt kurz das Thema und den Ablauf dieses Moduls vor.
› Die Inhalte des Theorie-Impulses werden erläutert oder ihr lest den Theorie-Impuls gemeinsam und besprecht im Anschluss Unklarheiten.

Nutzt immer wieder die Methode „Intervention“, um das gesamte Potenzial der Gruppe auszuschöpfen. Beim Zuschauen einer improvisierten Szene kann jemand aus der Gruppe „Timing“ rufen, wenn er der Meinung ist, dass die Spieler an dieser Stelle ihrer Szene die Hinweise des Theorie-Impulses dieses Moduls besser umsetzen sollten. Es kann auch gerufen werden: „Das sieht nach einem Rhythmus aus“, wenn ein Zuschauender der Meinung ist, dass sich kleine Handlungen rhythmisieren lassen.

Eins, zwei, drei – Bewegung, Geräusch, Wort (10 Min.)

› Bildet Paare.
› Zählt abwechselnd bis „3“, wobei jeder immer eine Zahl sagt.
Zählt so: A: 1. B: 2. A: 3. B: 1. A: 2 usw.
› Habt ihr das Zählen eine Weile geübt, sodass es fast automatisch läuft, dann ersetzt die Zahl „1“ durch eine Bewegung (z. B. die Hand vor die Stirn halten, sich um die eigene Achse drehen, mit dem Finger zeigen). Übt den Ablauf, bis ihr ihn fast automatisch könnt.
› Ersetzt nun auch die Zahl „2“, und zwar durch ein Geräusch (z. B. schnalzen, pfeifen ...).
› Die Zahl „3“ wird am Ende durch ein beliebiges Wort ersetzt.
› Gestaltet nun die Abfolge, indem ihr Timing, Rhythmus und Dynamik verändert: langsam – schnell/gedehnt – abgehackt/Dreiviertel-, Vierverteltakt/groß – klein/laut – leise ...

Fakultativ:

→ Weiterführende Literatur, S. 71

› Diese Übung ist im Kursbuch Darstellendes Spiel im Aufbaukurs 1, Modul 7 ausführlich und variantenreich beschrieben. Um euch die Bedeutung des Timings nochmals bewusst zu machen, lest auch in Körper und Raum die Übung „Beppo Straßenkehrer“ bzw. führt sie durch.

Gestaltung

Ihr trainiert schwierige Disziplinen des Impro-Theaters.

Impro-Disziplinen

Angesagte Satzlänge (20 Min.)

› Bildet Paare.
› Bestimmt Ort und Figuren.
› Spielt eine Szene.
Die Figuren dürfen nur in der vor dem Spiel verabredeten Satzlänge sprechen, also Ein-, Zwei-, Drei-, Vier- oder Fünf-Wort-Sätze.

Variation:

› Die Figuren sprechen jeweils drei Sätze hintereinander; die ersten beiden Sätze als stillen inneren Monolog und nur den dritten Satz laut.
› Während die Szene läuft, sagt die Spielleitung vor jeder Äußerung zum Darsteller, wie viele Wörter sein Satz haben muss.

Tod in einer Minute (20 Min.)

› Bildet Paare.
› Legt den Ort fest und bestimmt die Figuren, die ihr spielt.
› Spielt eine Szene, wobei nach genau einer Minute eine Figur tot sein muss.

› Entwickelt anhand des Ortes und der Figuren ein glaubwürdiges Motiv für den Tod einer der beiden Figuren.
› Legt aber nicht vorher fest, wer sterben wird, überlasst das der Improvisation.
› Spielt ihr vor Zuschauern, lasst sie die letzten zehn Sekunden flüsternd mitzählen, sodass ihr genau wisst, wann der Tod eintreten muss.

Reflexion

› Sprecht darüber, wie diese Minute sinnvoll aufzuteilen ist, damit für den Zuschauer eine nachvollziehbare Dramaturgie entsteht. Z. B. benutzt ihr die ersten 15 Sekunden, um die Figuren an ihrem Ort „vorzustellen", in den nächsten 15 Sekunden zeigt ihr ihre Motive, in weiteren 15 Sekunden entwickelt ihr den Konflikt und treibt ihn voran und in den letzten 15 Sekunden findet ihr eine Lösung und entscheidet, wer sterben wird.

☑ Checkliste: Typische Fehler beim Timing vermeiden

- ☐ Folgt nicht zu schnell ersten sprachlichen Impulsen.
- ☐ Nehmt euch Zeit, gemeinsam ein für das Publikum erkennbares Set (Raum, Figuren) zu erstellen.
- ☐ Nutzt die dramatische Pause, um Zeit und Raum zu schaffen, eine (Re-) Aktion einer Figur expressiv vorzubereiten und/oder die Wirkung einer Reaktion/Pointe beim Publikum zu verstärken (Spannungsbogen).
- ☐ Reagiert auf die Handlung eines Mitspielers auch mit einer Handlung. Oft sucht der Spielpartner nach Worten, um intellektuell/verbal zu reagieren, also zu kommentieren oder zu reflektieren. Die reizvolleren Impulse ergeben sich aber meist aus Handlungen.

Finden improvisierende Spieler auf der Bühne kein Ende für ihre Szene, dann kann die Technik/Regie die Spieler mit einem Lichtsignal daran erinnern, alsbald zu einem Ende ihrer Szene zu kommen. Dazu werden die Lampen, die die Spielenden beleuchten, in sehr kurzen Intervallen ein wenig gedimmt und wieder hochgefahren, gerade so viel, dass die Spieler das Signal erkennen – das Publikum aber möglichst nicht.
Im schlimmsten Fall fährt die Technik/Regie das Licht langsam bis zum Black herunter.

Szene in der halben Zeit (20 Min.)

› Bildet Dreiergruppen.
› Abwechselnd spielen zwei Personen eine Szene. Zunächst werden Ort und Figuren festgelegt. Die dritte Person stoppt die Zeit.
› Spielt zwei Minuten lang eine Szene.
› Anschließend spielt ihr die gleiche Szene (gleiche Figuren, gleicher Ort, gleiche Handlung), aber in der Hälfte der Zeit, also in einer Minute.
› Danach halbiert ihr wieder die Zeit für die Szene und spielt nur noch eine halbe Minute.
› Die dritte Wiederholung der gleichen Szene geschieht in nur noch 15 Sekunden.
› Versucht, die Zeit für die Szene so lange zu halbieren, solange ihr das Gefühl habt, dass eure Szene noch vom Zuschauer verstanden wird.

Reflexion

› Besprecht in der Nachreflexion, was jeweils bei einer Halbierung der Zeit mit einer Szene genau passiert. Welche Elemente können gefahrlos wegfallen, welche müssen am Ende noch gespielt werden? Wie verändert sich die Spielweise während der ständigen Verkürzungen der Szenen?
› Es gibt zwei grundlegende Lösungen für diese Aufgabe. Entweder spielen die Darsteller immer wieder alles und handeln und sprechen immer schneller, als ob ein Film immer schneller vorgespult wird, oder sie verdichten und konzentrieren die Handlung immer mehr, so dass immer weniger Bewegung und Text vorhanden sind. Bewegung und Text drücken die wesentlichen Elemente der Szene aus, die zum Verständnis erforderlich sind.

Hausaufgabe

› Legt die Spielleitung des nächsten Moduls fest. Diese bereitet sich darauf vor, das Modul anzuleiten.

Fakultativ:

→ **Weiterführende Literatur, S. 71: List/Pfeiffer, Kursbuch Darstellendes Spiel**

› Lest euch die Ausführungen zu den Kompositionsmethoden „Verdichtung" und „Steigerung" durch und setzt diese Kompositionsmethoden bewusster in den nächsten Improvisationen ein.
› Sucht euch bitte weitere Impro-Disziplinen aus und trainiert sie mit dem Ensemble.
› Hat jemand aus dem Ensemble Kontakt mit einer anderen Impro-Gruppe aufgenommen, um ein gemeinsames Impro-Match zu organisieren, dann soll er beim nächsten Treffen davon berichten und dem Kurs den aktuellen Stand mitteilen.

Abschluss

Eins, zwei, drei – Bewegung, Geräusch, Wort – im großen Kreis mit allen (3 Min.)

› Stellt euch alle im Kreis auf.
› Macht die Übung „Eins, zwei, drei – Bewegung, Geräusch, Wort" mit allen.
› Eine Person im Kreis beginnt mit der Zahl „Eins", der linke Nachbar sagt „zwei" und der Dritte sagt „drei". Der Nächste beginnt wieder mit der „Eins" usw.

› Lasst die Zahlen mehrmals kreisen. Wenn eure Gruppengröße nicht durch drei teilbar ist, dann wird jeder immer wieder eine andere Zahl sagen.
› Nun übt entsprechend dem Muster weiter und ersetzt nach und nach die Zahlen.

Variation:
› Macht die Übung im Rhythmus des Dreivierteltaktes.

Fachbegriffe und Theorie-Impuls

Timing, Rhythmus und Dynamik

Rhythmus ist eine erkennbare Wiederholung von gleichen oder ähnlichen Elementen in der Zeit, sodass ein Muster erkennbar wird. Bei *Rhythmen* in kurzen Intervallen (Ampelschaltungen, Uhrticken, Presslufthammer) ist das einfach, bei langen Intervallen schwieriger (Jahreszeiten, Schaltjahre, Wechsel der magnetischen Pole).

Zeitliche Abläufe in der Szene

→ **Weiterführende Literatur/Links, S. 71: stomponline**

Die zeitlichen Abläufe in einer Szene können *rhythmisierte Elemente* enthalten, die der Logik der Uhr folgen (*Chronos*) wie beispielsweise rhythmisierte Bewegungen und Geräusche der Performance Band „Stomp".
Sie können auch einem emotionalen *Rhythmus* folgen, einem *Timing* (*Kairos*), für das es keine feste Maßeinheit wie für die Zeitmessung mit der Uhr gibt. Hier geht es um den Aufbau von Spannungsbögen, um Retardierungen, um dramatische Pausen.

Rhythmus in der Dramaturgie einer Szene

Die meisten Improvisationen und Darstellungen folgen einem natürlichen Muster, wie es im *drei- oder fünfaktigen Drama* beschrieben ist:
1. Einführung in eine Situation
2. Themen/Konflikte entfalten
3. Konflikt zuspitzen und auf den Höhepunkt treiben
4. Konflikt bewältigen
5. Happy End oder Tod

Rhythmus als ästhetisches Mittel

→ **Weiterführende Literatur/Links, S. 71: Becher-Rap**

→ **Weiterführende Literatur, S. 71: List/Pfeiffer, Kursbuch Darstellendes Spiel**

Innerhalb dieses dramaturgischen *Rhythmus'* einer Szene gibt es die Möglichkeit der *Rhythmisierung* kleiner szenischer Elemente, z. B.
- wird aus dem unruhigen Trommeln mit den Fingern auf dem Tisch nervöser Personen ein *Rhythmus*, der die Spannung steigert,
- gleitet ein Wortwechsel in ein regelmäßiges Pro und Kontra, in einen Rap,
- werden verschiedene kleine Handlungen von unterschiedlichen Personen erkennbar nach einem rhythmischen Muster durchgeführt, wie im Kursbuch Darstellendes Spiel bei der Übung Neun-Punkte-Feld beschrieben.

Rhythmus fokussiert und bündelt Energie

Rhythmus in der Dramaturgie einer Impro-Show

Die Grundstruktur einer Impro-Show besteht in der Abfolge der ausgewählten Disziplinen und den entsprechenden Anmoderationen. Dieses Muster lässt sich mit den folgenden dramaturgischen Anregungen anspruchsvoll gestalten:

→ **Modul 14, S. 85 ff.**

1. Phase: aufwärmen, Regeln erläutern
2. Phase: ruhige Szenen mit wenigen Spielern
3. Phase: Szenen mit geringer Publikumsbeteiligung
4. Phase: Szenen mit vielen Spielern
5. Phase: schwierige, anspruchsvolle Disziplinen
6. Phase: Szenen mit intensiver Publikumsbeteiligung
7. Phase: Disziplin mit allen (Höhepunkt)

→ **Serviceseiten, S. 108 f.**

Um der etwas monotonen Abfolge - Disziplin für Disziplin - einen variationsreicheren *Rhythmus* zu geben, werden „Zwischenspiele" eingefügt.

WEITERFÜHRENDE LITERATUR/LINKS

› Ende, Michael: Momo. Thienemann Verlag, Stuttgart 2009.
› Filz, Richard: Rhyth: MIX 1, mit Audio-CD/CD-ROM. Helbling Verlag, Esslingen 2008.
› Filz, Richard: Rhyth: MIX 2, mit Audio-CD/CD-ROM. Helbling Verlag, Esslingen 2009.
› Geißler, Karlheinz A.: Zeit - verweile doch …: Lebensformen gegen die Hast. Verlag Herder GmbH, Freiburg 2008.
› Jank, Werner u. a.: Music Step by Step. Medienbox. Helbling Verlag, Esslingen 2010.
› List, Volker/Pfeiffer, Malte: Kursbuch Darstellendes Spiel, Grundkurs 1, Modul 3: Raum wahrnehmen. Neun-Punkte-Feld. Ernst Klett Verlag, Stuttgart 2009, S. 17 f.
› Ebenda: Grundkurs 1, Modul 11: Rhythmus, S. 43–45.
› Ebenda: Aufbaukurs 1, Modul 6: Verdichtung und Modul 7: Steigerung, S. 148–151.
› List, Volker: Körper und Raum. Modul 10: Übung Beppo Straßenkehrer. Hessisches Institut für Lehrerfortbildung, Wiesbaden 2000, S. 58.
› Müller, Ede: Musikalisierung von Sprache. In: Schultheater 7. Sprechen. Friedrich Verlag, Seelze 2011, Heft 7/11, S. 18 ff.
› www.stomponline.com/show.php
› http://www.youtube.com/watch?v=khfksVHxQSs (Becher-Rap)

11 Kompetenzüberprüfung

Ihr verschafft euch einen Überblick über die in diesem Kurs erworbenen und vertieften Kompetenzen und bearbeitet eine Aufgabe, in der ihr Teil-Kompetenzen nachweist.

Aufwärmen

Szenisches Aufwärmen mit Genremusik und Feedback (10 Min.)

› Nach Musik improvisiert ihr mithilfe von Anweisungen der Spielleitung Szenarien, in denen ihr euch möglichst viel bewegt, um euren Körper für das Theaterspiel aufzuwärmen (beim ersten Treffen gibt die Kursleitung die Anweisungen, später das Aufwärm-Team).
› Die Spielleitung erläutert bei leise laufender Musik die Eingangsszenerie. Ihre Anweisungen dienen dazu, das Ensemble in Bewegung zu bringen, z. B.: Wir befinden uns im 16./17. Jahrhundert, du bist zwölf und von zu Hause ausgerissen, willst zur See fahren und hüpfst am Hafen am Kai entlang (alle hüpfen am imaginierten Kai entlang), erblickst ein Schiff (alle erblicken das Schiff) und erstarrst (alle erstarren) usw. Die Geschichte läuft auf einen Höhepunkt zu, indem sich das Ensemble intensiv bewegen muss: Ein Piratenschiff läuft aus, der blinde Passagier wird entdeckt und wird schließlich auch ein Seeräuber; dann das erste Entern eines fremden Schiffes …
› Die Spielleitung kreiert Bewegungsanweisungen, die das Aufwärmen ermöglichen, gleichzeitig die darstellerischen Kompetenzen trainieren und Hemmungen abbauen. Dabei achtet sie auf folgende Aspekte:
- Sie erzählt wenig Story, sondern liefert nur die nötigen Informationen.
- Sie gibt konkrete Bewegungsanweisungen und lässt die Spieler möglichst alle Gliedmaßen bewegen.
- Nach langsamem Beginn erhöht sie das Tempo, sodass alle ins Schwitzen kommen.
- Sie gibt Anweisungen für wechselnde Team- und Gruppenaktionen.

› Ensemble und Kursleitung geben dem Aufwärm-Team Feedback. Überprüft dabei, ob die als wesentliche Aspekte des Aufwärmens beschriebenen Kriterien erfüllt sind. Formuliert Wünsche und gebt so dem nächsten Aufwärm-Team die Möglichkeit, den Bedürfnissen des Ensembles für ein anregendes Aufwärmen noch besser nachzukommen.

Organisation

Ihr bekommt einen Überblick über die Arbeit in diesem Modul.

› Die Spielleitung stellt kurz das Thema und den Ablauf des Moduls vor.

Gestaltung

Ihr trainiert schwierige Disziplinen des Impro-Theaters.

Impro-Disziplinen

Gleiche Szene in verschiedenen Genres (20 Min.)

› Improvisiert eine kleine Szene nach bekanntem Muster: Legt Ort und Figuren fest, gebt den Figuren Eigenschaften, Tics oder besondere Körperhaltungen.
› Setzt euch in Dreiergruppen zusammen und schreibt auf, welche verschiedenen Genres ihr kennt, z. B. Western, Märchen, Operette, Kasperletheater, Ballett, Tragödie, Horror, Krimi.

› Nun spielt die gleiche Szene in einem dieser Genres.
› Beschreibt anschließend, wie sich die Wirkung der Szene verändert hat, und benennt die Ursachen, die dafür verantwortlich waren.
› In welchem Genre hatte eure Szene die stärkste Wirkung bzw. hat sie am besten funktioniert? Nennt die Gründe dafür.

Expressive Körpersprache

→ **List, Volker: CD-ROM Theaterübungen, S. 110**

› Um die Kompetenzbereiche 3 (Theaterästhetische Kommunikation) und 4 (Soziokulturelle Partizipation) zu trainieren, erweitert diese Übungen mit den Aufgabenzusätzen KB 3 und KB 4 auf der CD-ROM Theaterübungen.

Besprechung

Ihr trainiert, gewohnte Denkbahnen zu verlassen.

› In diesem Modul geht es darum, zu klären, auf welche Weise ihr die Kompetenzen nachweist, die ihr bisher in diesem Kurs erworben oder vertieft habt, sodass eine für alle transparente Bewertung der Leistungen erfolgen kann.

→ **Theorie-Impuls, S. 74 ff.**

› Lest den Theorie-Impuls dieses Moduls. Besprecht gemeinsam die Anforderungen der Leistungsnachweise.
› Unterstützt euch gegenseitig bei der Bewältigung der Aufgaben und lasst euch von der Kursleitung beraten.
› Ihr weist eure Kompetenzen mit zwei Kompetenzüberprüfungen nach:
1. Klausur als häusliche Arbeit
2. Spielpraktische Prüfung bzw. Impro-Show

→ **List, Volker: CD-ROM Theaterübungen, S. 110**

› Weitere Anregungen für die Umsetzung der Merkmale des Impro-Theaters in ein anderes Genre finden sich auf der CD-ROM Theaterübungen.

Hausaufgabe

→ Modul 6, Hausaufgabe, S. 47

› Ergänzt eure Auflistung von bestimmten Elementen wie Wortwitzen, Slapsticks, Redewendungen, Mini-Dialogen, Figuren mit bestimmten Eigenschaften und anderen Dingen, die in euren Improvisationen besonders gut funktionierten und den Zuschauenden besonderen Spaß bereiteten.

› Überlegt euch, welche Disziplinen (eine Solo und eine mit mehreren Personen) ihr in der spielpraktischen Prüfung spielen wollt.

› Sammelt Theaterkritiken und stellt die Aussagen und Bewertungen der Theaterkritiker zusammen, die sich auf die Gesamtwirkung und solche, die sich auf Einzelleistungen des Teams von Regisseur, Darstellern, Bühnen-, Kostüm- und Maskenbildnern, Beleuchtern usw. beziehen.

› Legt die Spielleitung des nächsten Moduls fest. Diese bereitet sich darauf vor, die Leitung des Moduls zu übernehmen.

→ Theorie-Impuls

› Schreibt eine Klausur als häusliche Arbeit zu einem Thema, wie es im Theorie-Impuls zu diesem Modul beschrieben ist, und vereinbart einen festen Abgabetermin.

→ Modul 13, S. 82 ff.

› Lest die Prüfkriterien für die spielpraktische Prüfung im Modul 13.

Abschluss

Schätzung (3 Min.)

› Sucht euch nacheinander drei Partner, denen ihr in wenigen Sätzen kurz mitteilt, was sie besonders gut können und warum ihr sie schätzt.

Fachbegriffe und Theorie-Impuls

Kompetenzüberprüfung im (Impro-)Theater

Was sind Kompetenzen?

Mit kompetent beschreibt man eine Person, die das Wissen und die Fähigkeiten, die sie besitzt oder in bestimmten Zusammenhängen erworben hat, in neuen und unbekannten Situationen anwenden kann.
Der *Kompetenzbegriff* bezieht sich immer auf das *Handlungsvermögen* einer Person.
Im Unterschied zu dem Begriff *Qualifikation*, der auf das fachliche Können abzielt, ist der *Kompetenzbegriff* ganzheitlich auf fachliche und soziale Fähigkeiten ausgerichtet.
Die Prüfungsanforderungen der Lehrpläne der Länder sehen eine angemessene Berücksichtung von Theorie und Praxis vor.
Übertragen auf das Improvisationstheater bedeutet das, dass der Prüfling im Leistungsnachweis seine *Kompetenzen* nachweist, indem er diese im Prozess der verbalen Vermittlung und in der *Interaktion und der Dynamik seines Darstellens* handelnd zeigt.
Die Theorie und Begrifflichkeit des Impro-Theaters fußen auf den Schriften seines Begründers Keith Johnstone, wobei die Anfänge dieser Form von Theater aber sicher in den ersten improvisierten erzählerischen Darstellungen von Erlebnissen ihren Ursprung haben, z. B. einer Geburt, Jagd, Reise oder eines Kampfes. Ebenso ist die Commedia dell'Arte in die Betrachtung einer Geschichte und Theorie der Improvisation einzubeziehen, da sie

als Theaterform schnell Impulse von außen aufnimmt und diese improvisierend bearbeitet. Impro-Theater als Unterrichtsinhalt gewinnt seine theoretische Fundierung im ersten Schritt aus der unmittelbaren Praxis des eigenen Spiels, der eigenen Improvisation. Diese Praxis wird reflektiert in der Auseinandersetzung mit dem Geschehen auf der Spielfläche – als *qualifiziertes Feedback*.

→ **Weiterführende Literatur, S.77: List/Pfeiffer, Kursbuch Darstellendes Spiel**

Häufiges Feedback und Reflektieren der aktuellen Spielpraxis auf der Grundlage von Theatergeschichte und -theorie lässt Begrifflichkeit wachsen.
Diesen Zusammenhang einmal in Ruhe und konzentriert zu durchdenken, und Impulse für die praktische Weiterarbeit zu generieren, das kann eine *Klausur als häusliche Arbeit* leisten.

Die spielpraktische Prüfung

Die primäre Prüfungsform im Theater/Darstellenden Spiel ist die *spielpraktische Prüfung* als Einzel- und als Ensemble-Prüfung.
Die Benotung kann entsprechend als Einzel- und Ensemble-Note erfolgen.
Bei einer Einzelprüfung ist die Bewertung eindeutig zuzuordnen.
In einer Prüfung mit mehreren Personen ist der Prozess erheblich komplexer und schwieriger transparent zu machen. Dennoch erscheint auch die Bewertung eines Teams von einigen Darstellern oder eines Ensembles als Ganzes sinnvoll und folgerichtig.
Auch im professionellen Theaterbereich findet diese Bewertung in Form der *Theaterkritik* statt. Sie bezieht sich wesentlich auf die *Gesamtinszenierung*, also auf die Gesamtwirkung, die alle Beteiligten in der Einmaligkeit der Aufführung herstellen, berücksichtigt aber auch Einzelleistung von Darstellern, Regisseuren, Bühnenbildnern usw.
Im Impro-Theater gibt es nur wenige Disziplinen, die einzeln durchgeführt werden. Zumeist hat ein Team eine Aufgabe zu bewältigen und die Interaktion der Darsteller steht im Vordergrund. Das Training und der Kompetenzerwerb haben eine zentrale Orientierung: Nicht blockieren. Alle Angebote annehmen – „Ja! Mach ich!" (vorausgesetzt, das Angebot verstößt nicht gegen Sitte und Anstand oder geltende Gesetze).

Das Training und der Erwerb dieser Verhaltenskomponente – offen zu sein für Angebote – ist nicht nur wesentlicher Bestandteil von wirkungsvollem (Impro-) Theater, sondern darüber hinaus eine zentrale Dimension im Bildungsprozess und allgemein ethischen Verhaltens. Ohne Offenheit gibt es kein Lernen und keine Entwicklung.

Die Klausur als Hausarbeit

Neben der *spielpraktischen Prüfung* ist die *Klausur als häusliche Arbeit* für das Fach Theater/Darstellendes Spiel eine angemessene Form, weil sie:

- Theaterschülern und -schülerinnen einen gewissen inhaltlichen Spielraum ermöglicht, indem die Schüler ihren Kompetenzzuwachs zeigen und reflektieren können (*Rollenbiografie, Regiebuch, Portfolio, Kreativarbeiten…*),
- den Theaterschülern einen Zeitraum von mehreren Wochen gibt, entsprechendes Material zu sammeln, einen Fokus für die Arbeit zu finden, in Gesprächen mit dem Theaterlehrer beraten und begleitet zu werden,
- der Arbeitsweise in der wirklichen Welt entspricht, in der man für die Lösung einer bestimmten Aufgabe selbstständig recherchieren und reflektieren muss, sich beraten lässt usw.,
- einem hochkomplexen selbstständigen Lernprozess entspricht, der für die Persönlichkeitsbildung von großer Bedeutung ist.

Im professionellen Bereich gibt es die Form der *Klausurtagung*: Eine Gruppe zieht sich zurück, um einmal ungestört bestimmte Themen in aller Ruhe gemeinsam unter Nutzung aller zur Verfügung stehender Materialien zu durchdringen, Visionen zu erarbeiten und nächste Schritte zu planen und zu verschriftlichen.

Aufgabenbeispiele:
Die folgende Anregung beschreibt Beispiele für Aufgaben zu einem theoretischen Leistungsnachweis.
› Aufgabe: Gehe in Klausur, indem du in den kommenden zwei Wochen einen schriftlichen Leistungsnachweis anfertigst.

→ Weiterführende Literatur, S. 77: Andersen, Theatersport

› Thema: „Das Improvisationstheater". Arbeite bspw. auf der Grundlage von Marianne Miami Andersens Buch „Theatersport und Improtheater".
› Wähle aus den folgenden Einzelthemen für deine Klausur eins aus:
- Live bei einer Improvisationstheater- oder Theatersportaufführung dabei – Eine Reportage.
- Improvisationstheater – Tagebuch einer Theatersportgruppe
- Improvisationstheater – Konzept eines Wochenendworkshops
- Improvisationstheater – Eine ‚ideale' Doppelstunde im Theaterunterricht
- Oder: Entwickle einen eigenen Vorschlag, den du mit deinem Lehrer besprichst.

Alternativen:
› Übertrage alle relevanten Elemente des Impro-Theaters in ein anderes Genre, z. B. Improvisationstheater als ein Gesellschaftsspiel (Monopoly), Kriminalroman oder Märchen.
› Du kannst auch einen eigenen Vorschlag entwickeln, den du aber mit deinem Lehrer besprechen musst.
› Ziel dieser Aufgabe ist es, Elemente des Impro-Theaters theoretisch zu trainieren, um damit die praktischen Kompetenzen zu fördern und zu fundieren.

→ Weiterführende Literatur, S. 16: Tonscheidt, Portfolio-Arbeit

› Eine weitere Form, den Lernprozess transparent zu machen und den Kompetenzerwerb zu reflektieren, ist die Portfolio-Arbeit.

→ Modul 13, S. 82 ff.

› Aufgabenbeispiele für spielpraktische Prüfungen findest du im Theorie-Impuls des Moduls 13 „Spielpraktische Prüfungen".

Verteilung von Leistungsnachweisen über mehrere Halbjahre:

1. Halbjahr

1. Leistungsnachweis (Klausur als Hausarbeit) zum Thema: „Das Improvisationstheater – Übertragung in ein anderes Genre" (Hilfsmittel: Liste mit Genres/Literatur: Andersen, Marianne Miami: Theatersport und Improtheater)
2. Leistungsnachweis (Spielpraktische Prüfung): Eine Impro-Disziplin solo und/oder eine Impro-Disziplin mit mehreren Spielern

2. Halbjahr

Für die Klassenstufen 12 (G8) und 13 (G9) nur ein Leistungsnachweis vorgesehen (Spielpraktische Prüfung): Impro-Show (Ensemble-Prüfung).
Vergleiche dazu auch die Grafik „Verteilung der Leistungskontrollen".

→ Serviceseiten, S. 107

WEITERFÜHRENDE LITERATUR

› Andersen, Marianne Miami: Theatersport und Improtheater. Impuls-Theater-Verlag, Planegg 1996.

› List, Volker/Pfeiffer, Malte: Kursbuch Darstellendes Spiel. Feedback-Regeln. Ernst Klett Verlag, Stuttgart 2009, S. 234 f.

› Pädagogisches Zentrum Rheinlad-Pfalz: Darstellendes Spiel unterrichten 1. Wir fangen an. Informationen, Spielideen, Projektvorschläge für das erste Unterrichtsjahr in der Sekundarstufe 1. Bad Kreuznach 2004.

› Pädagogisches Zentrum Rheinlad-Pfalz: Darstellendes Spiel unterrichten 2. Lernen – Leisten – Bewerten – Fördern. Informationen, Kompetenzmodelle, Kompetenzraster, Aufgabenbeispiele, Bewertungsbögen für die Sekundarstufe 1. Bad Kreuznach 2008.

Wie war das noch mal?

12 Lazzi und ästhetische Mittel

Ihr trainiert wichtige und hilfreiche Methoden und typische Elemente des Impro-Theaters und bereitet euch auf die spielpraktische Prüfung vor.

Aufwärmen

Szenisches Aufwärmen mit Genremusik und Feedback (10 Min.)

› Beginnt mit einem szenischen Aufwärmen nach dem Muster, wie es im Modul 2 auf Seite 17 beschrieben ist, und trainiert eure Imaginationskraft, achtet auf die Spielangebote eurer Partner und vor allen Dingen trainiert, nicht zu blockieren, wenn euch ein Spielangebot unterbreitet wird.
› Ihr könnt aber auch einen geeigneten Einstieg in das Modul selbst erfinden oder eine Übung, die euch besonders gut gefallen hat, wiederholen.

Training

Organisation

Ihr schafft die Voraussetzungen für eine erfolgreiche Prüfung.

› Die Spielleitung stellt kurz das Thema und den Ablauf des Moduls vor.

Lest den Theorie-Impuls zu diesem Modul, klärt Fragen und bearbeitet die folgenden Aufgaben (20 Min.)

→ Modul 6, S. 47

→ Modul 11, S. 74

→ Weiterführende Literatur, S. 81: List/Pfeiffer, Kursbuch Darstellendes Spiel

› Tragt auf der Basis eurer als Hausaufgabe angefertigten Liste zusammen, welche Elemente wie beispielsweise Wortwitze, Slapsticks, Redewendungen, rhetorische Formeln, Mini-Dialoge und andere Dinge in euren Improvisationen besonders gut funktionierten und den Zuschauenden besonderen Spaß bereiteten.
› Sammelt auf einem Flipchart die Kompositionsmethoden, die ihr im Impro-Training benutzt habt.
› Ergänzt eure Liste mit wirkungsvollen ästhetischen Mitteln wie Tempovariationen (Zeitlupe, Zeitraffer), Freeze, Parenthese (zur Seite sprechen), der fragende/„dumme" Blick ins Publikum usw.
› Legt fest, welche Disziplinen ihr mit welchen Partnern vorführen wollt (eine Disziplin solo und eine mit mehreren gemeinsam).
› Achtet darauf, dass alle Ensemblemitglieder beste Voraussetzungen für die Prüfungen haben.

Manchmal ergeben sich bestimmte Paarungen oder Kleingruppen für die Prüfungen aus dem vorherigen Training oder einzelne Ensemblemitglieder haben keinen Partner für eine Zweier- oder Dreierprüfung. Gebt euch einen Ruck! Denkt an das Motto des Impro-Theaters „Ja! Mach ich!" und bietet euch anderen als Prüfungspartner für die spielpraktischen Prüfungen an. Wenn ihr aber bereits schon mit einem Prüfungsteam arbeitet, dann werdet ihr in diesem Fall in dieser Prüfung natürlich nicht benotet. Ein solches Engagement wird sich sicherlich in der Mitarbeitsnote positiv auswirken.

Gestaltung

Ihr trainiert eure wirkungsvollsten Disziplinen.

→ List, Volker: CD-ROM Theaterübungen, S. 110

Training von Impro-Disziplinen (60 Min.)

› Bildet kleine Arbeitsteams mit fünf bis sieben Personen.
› Trainiert in den zuvor festgelegten Teams die Impro-Disziplinen, die euch besonders gut gefallen haben und die ihr bei der Prüfung zeigen wollt, oder probiert weitere neue Disziplinen aus, falls euch noch keine zusagt.
› Ein Teil des Arbeitsteams schaut abwechselnd zu, übernimmt die Rolle des Regisseurs/Dramaturgen und gibt Feedback in zwei Schritten nach bekanntem Muster.
› Wichtig in diesem Zusammenhang sind die Hinweise auf die Lazzi, auf die Kompositionsmethoden und auf die ästhetischen Mittel.

→ Modul 6, Theorie-Impuls, S. 48 f.

› Nutzt intensiv Klischees und versucht, diese auch immer wieder zu brechen. Nutzt dazu die Kompositionsmethoden Umkehrung (der Killer wird zur Hebamme, der Priester will heiraten usw.) und Bruch (eure Figur fängt plötzlich zu singen an, sie spricht mit dem Publikum, steigt bewusst aus der Rolle aus usw.).

☑ Checkliste: Lazzi und ästhetische Mittel

- ☐ Hat jeder Spieler „seine" Lazzi gefunden und auf einen Spickzettel oder im Probentagebuch notiert?
- ☐ Habt ihr Kompositionsmethoden gewählt (Reihung, Wiederholung, Kontrastierung, Verdichtung, Steigerung, Umkehrung, Variation, Parallelführung, Bruch)?
- ☐ Welche ästhetischen Mittel benutzt ihr (Freeze, Zeitlupe, Zeitraffer, aus der Rolle treten, das Publikum als Figur oder als Darsteller ansprechen, Tocs, Tics – in Klimax gespielt, Phobien)?
- ☐ Nehmt euch eine halbe Minute Zeit, um am Anfang einer Impro-Szene euer Setting zu kreieren, den Ort, die Figuren und ihre Motive, das Thema.
- ☐ Sind eure Figuren klar? Haben sie ein Geschlecht, einen Namen, einen Beruf, ein bestimmtes Alter, eine Haltung zum Beruf und zum Leben, besondere Eigenschaften, Vorlieben, Tics, Phobien, ein aktuelles/konkretes Handlungsmotiv?
- ☐ Handeln eure Figuren viel oder reden sie nur?
- ☐ Spielt ihr typische, klischeehafte Figurenkonstellationen wie Meister und Azubi, Käufer und Verkäufer, Stellenbewerber und Personalchef, Rennfahrer und Mechaniker, Reiter und Pferd?

→ Modul 13, S. 82 ff.

› Die Spielleitung des folgenden Moduls fertigt eine Liste an, auf der alle Prüfungen, die Prüfungsteilnehmer und die entsprechenden Zeitangaben in chronologischer Reihenfolge aufgeführt werden.
› Organisiert eine Videokamera, mit der ihr die Prüfungen aufnehmen und später auswerten könnt.

„Es liegt doch auf der Hand!“ –
Schreibt euch diesen Satz in eine Handinnenfläche. Benutzt im Training eure Hände und erinnert euch mit Hilfe dieses Satzes daran, dass eure Figur ein Motiv haben muss, sonst kann sie nicht handeln und hat auf der Bühne nichts zu suchen. Macht ein Spiel aus der häufigen Benutzung dieses oder eines ähnlichen Satzes. Gibt der Satz genug her für Lazzi?
Wandelt die Floskel ab, sucht neue Möglichkeiten, eure Figuren präsent und wirkungsvoll auf die Bühne zu bringen.
Lasst beispielsweise als Metzger öfter beiläufig den Satz fallen: „Ach, jetz e' Stückche Blutwurst ...“ Der Schornsteinfeger äußert, mehr zu sich selbst: „Wenn ich doch nur schwindelfrei wär ...“ Der Rennfahrer fragt sich: „Ist denn jetzt genug Motorenöl im Motor ...?“

Hausaufgabe

› Falls noch nicht geschehen, dann legt die Spielleitung des nächsten Moduls fest. Diese plant den Ablauf der spielpraktischen Prüfungen (Reihenfolge der Prüfungen usw.), passt den Ablauf den aktuellen Erfordernissen an und übernimmt die Leitung.
› Trefft euch in Teams und trainiert eure Prüfungsdisziplinen.
→ Modul 13, S. 82 ff.
› Lest die Beschreibung des Moduls 13 „Spielpraktische Prüfung“, die Checkliste und den Theorie-Impuls.

Abschluss

Spontan (1 Min.)

› Improvisiert spontan einen kurzen gemeinsamen energievollen Abschluss, wie ihr noch keinen gemacht habt. Nehmt den ersten Vorschlag an.

Fachbegriffe und Theorie-Impuls

Geprobte Improvisation

Was wird im Impro-Theater geprobt und was ist bei einer Impro-Show tatsächlich noch improvisiert?
Beim *Improvisationstraining* kommt es nach einer gewissen Zeit zu Wiederholungen von bestimmten Elementen, die sich als besonders wirkungsvoll erwiesen haben.
Da das Training darauf angelegt ist, sich immer wieder auf neue Themen, neue Figuren und neue Situationen einzulassen, lehnen Darsteller Wiederholungen bestimmter Elemente manchmal intuitiv ab: Es soll ja immer Neues erzeugt werden. Aber der Vorrat an Themen, Figuren, Plots ist natürlich begrenzt und plötzlich wird diese Erfahrung zum Dogma. Dies führt zu Blockierungen. Blockierungen gilt es zu vermeiden.
Was tun?

Wenn diese Situation spürbar wird, ist es zweckmäßig, innezuhalten und das *Repertoire* des Impro-Theaters zu sichten und zu schauen, welche Figuren, welche Themen und Konflikte, welche Eigenschaften und Tics und auch welche *Spieler-Konstellationen* besonders gut funktionierten. Eine weitere Lösung besteht darin, diesen besonders wirkungsvollen Elementen einen Namen zu geben, beispielsweise *Running Gag* oder *Lazzi* (als historisches Vorbild dient hier die *Commedia dell'Arte*) und ins Spielrepertoire zu übernehmen. Die Spieler haben dann die Aufgabe, die Lazzi immer wieder an entsprechend passenden Stellen in ihre Improvisationen einzusetzen. An dieser Stelle tritt das Improvisationstraining in ein neues Stadium.

Ziel dieser nächsten Phase ist es, ein *Setting* für eine bestimmte Situation zu kreieren, z. B. für eine spielpraktische Prüfung, eine Impro-Show oder ein Impro-Match mit mehreren Gruppen.

Die Improvisation verliert durch die Nutzung von Elementen, die sich in vorausgegangenen Impros als wirkungsvoll erwiesen haben, nicht an Wert. Sie erhält vielmehr ein Format, das sie nun auch publikumswirksamer werden lässt.

Je länger ein Ensemble zusammen trainiert und je öfter es vor Publikum mit Impro-Shows auftritt, umso klarer kristallisiert sich dieses Repertoire an wirkungsvollen Mitteln, Themen, Konflikten, Figuren usw. heraus. Die Show und die Auftritte werden verlässlicher und kalkulierbarer.

Die Gefahr dieser Entwicklung liegt darin, dass sich ein Ensemble sehr weit von der „echten" Improvisation entfernt und überwiegend reproduziert, also bestimmte wirkungsvolle und geprobte Szenen vorspielt.

Eine gute Impro-Show ist immer eine Gratwanderung bzw. eine Mischung aus wirklicher Improvisation und als wirkungsvoll erkannten und geprobten Elementen.

WEITERFÜHRENDE LITERATUR/LINKS

- List, Volker/Pfeiffer, Malte: Kursbuch Darstellendes Spiel, Grundkurs 2, Modul 9: Figuren im Spiel. Tics. Ernst Klett Verlag, Stuttgart 2009, S. 99–102.
- Ebenda: Phobien. Anhang, S. 235.
- Ebenda: Aufbaukurs 1, Module 5 – 9: Kompositionsmethoden, S. 144–156 und Checkliste, S. 173.
- Mehnert, Henning: Commedia dell'arte. Verlag Philipp Reclam jun., Stuttgart 2003.
- www.commedia-dell-arte.com
- commediadellarte.zapalot.de/geschichte.htm
- www.dieterwunderlich.de/commedia_arte.htm
- www.piccolacommedia.ch/31_proj_aktuelle.htm

13 Spielpraktische Prüfungen

Ihr zeigt in Solo- und Ensemble-Disziplinen eure erworbenen bzw. vertieften Kompetenzen, auf eine Spielfläche zu gehen und in festgelegten Formaten zu improvisieren.

Aufwärmen

Revolver ziehen – Gruppe reagiert (5 Min.)

› Stellt euch im Kreis auf.
› Nehmt solch eine Haltung an, als wäret ihr ein Cowboy, der auf einem Pferd reitet. Dabei wippt ihr leicht in den Knien. Die Hände lasst ihr seitlich mit etwas Abstand vom Körper hängen.
› Ohne Vorwarnung zieht irgendjemand seinen „Revolver" und ruft laut: „Peng!"
› Alle anderen reagieren sofort, indem sie auch ihre „Waffen" ziehen und chorisch „Peng!" rufen.
› Ein anderer „schießt" usw.

Präsent sein – schnell reagieren

Organisation

Ihr bekommt einen Überblick über den Ablauf der Prüfungen.

› Die Spielleitung erläutert kurz den Ablauf der Prüfungen.

Nehmt eure spielpraktischen Prüfungen mit einer Videokamera auf und analysiert anhand der Aufnahmen gemeinsam, wie und an welchen Stellen die Aufgaben gemäß den Kompetenz- und Anforderungsbereichen erfüllt wurden.

Gestaltung

Checkliste: Spielpraktische Prüfung

- ☐ Welche Solo-Disziplin habt ihr gewählt?
- ☐ Welche Disziplin mit mehreren Spielern habt ihr gewählt?
- ☐ Welche Lazzi werdet ihr benutzen, wenn sie sich anbieten und auch gut in die Improvisation passen?
- ☐ Welche Kompositionsmethoden werdet ihr anwenden, wenn sie sich anbieten und sie gut in die Improvisation passen?
- ☐ Welche ästhetischen Mittel werdet ihr benutzen?
- ☐ Welche Tücken und Fußfallen gibt es bei dieser Disziplin?
- ☐ Habt ihr Ersatzpartner, falls euer Prüfungs-Partner kurzfristig ausfällt? Denn nicht zu spielen, könnte man als Blockieren auslegen, es geht schließlich um Improvisation.
- ☐ Habt ihr eine Ersatz-Disziplin in der Hinterhand, falls eure Kursleitung spontan entscheidet, dass ihr nicht eure „geprobte" Disziplin, sondern eine andere, ähnliche zeigen sollt? Seid auf alle plötzlichen Änderungen gefasst!

Geht es hier um Impro? Sagt niemals: „Niemals!" Sagt immer: „Ja! Mach ich!" Vertraut auf eure Fähigkeiten. Wenn ihr scheitert, kommt wieder!

› Wünscht euch am Ende „Toi! Toi! Toi!" für eure Prüfungen.

Prüfungen (80 Min.)

Ihr zeigt eure Kompetenzen im Impro-Theater.

› Das Spielleitungs-Team organisiert und leitet den Ablauf der Prüfungen.

Es sollte selbstverständlich sein, dass alle Ensemblemitglieder oder Gäste, die als Publikum fungieren, sich so verhalten, dass die Prüflinge optimale Unterstützung erleben und eine möglichst erfolgreiche Prüfung ablegen können.

› Die Kursleitung kann am Ende der Prüfungen bereits einen Notenbereich für die einzelnen Prüflinge bekanntgeben, nach der Auswertung der Videoaufnahmen dann die genaue Note.

Hausaufgabe

› Legt die Spielleitung des nächsten Moduls fest. Diese bereitet sich darauf vor, das Modul anzuleiten.
› Lest den Text des nächsten Moduls.

Fachbegriffe und Theorie-Impuls

Die spielpraktische Prüfung im (Impro-) Theater

Aufgabe:

Jedes Kursmitglied sucht sich eine geeignete Einzel- und eine Ensembledisziplin mit entsprechenden Mitspielern aus und führt sie vor den anderen des Ensembles auf oder ihr ladet zu euren Prüfungen sachkundiges Publikum, z. B. einen anderen Theaterkurs oder eine Theater-AG ein.

Benotungskriterien:

› keine Blockierungen
› Partner gut ins Spiel bringen, ihm eine Spielplattform bauen
› sich auf die gegebenen Impulse einlassen
› anregende Handlungs-Impulse geben
› Geschichte (mit-)entwickeln
› expressiv agieren und handeln
› Raum sichtbar machen und einhalten
› Ensemblefähigkeit zeigen usw.

→ Serviceseiten, S. 103 f.

Die fachspezifischen Beurteilungskriterien sind im Kompetenzanalysebogen aufgelistet und nach Kompetenz- und Anforderungsbereichen gegliedert.

→ Modul 14, S. 85 ff.
→ Modul 18, Theorie-Impuls, S. 101

Als Ensemble-Leistungsnachweis eignet sich auch eine Werkschau des gesamten Ensembles, und zwar eine Impro-Show bzw. ein Impro-Match.
Dabei gelten die gleichen Kriterien wie bei der beschriebenen Teamprüfung.
Das Team erhält eine Ensemblenote. Bei deutlichen Abweichungen Einzelner im positiven und im negativen Sinne wird diese individuelle Leistung direkt oder in der Mitarbeitsnote des Halbjahres berücksichtigt.

Schizo-Blind-Date

WEITERFÜHRENDE LITERATUR

› List, Volker/Pfeiffer, Malte: Kursbuch Darstellendes Spiel, Grundkurs 2, Module 17/18: Werkschau/Nachbesprechung. Ernst Klett Verlag, Stuttgart 2009, S. 125.

14 Impro-Show und Impro-Match

Ihr erarbeitet eine Dramaturgie für eine Werkschau vor einem Publikum.

Aufwärmen

Szenisches Aufwärmen mit Genremusik und Feedback (10 Min.)

› Beginnt mit einem szenischen Aufwärmen nach dem Muster, wie es im Modul 2 auf Seite 17 beschrieben ist, und trainiert eure Imaginationskraft, achtet auf die Spielangebote eurer Partner und vor allen Dingen trainiert, nicht zu blockieren, wenn euch ein Spielangebot unterbreitet wird.
› Ihr könnt euch aber auch selbst einen geeigneten Einstieg in das Modul überlegen.

Besprechung

Organisation

Ihr bekommt einen Überblick über die Arbeit in diesem Modul.

› Die Spielleitung stellt kurz das Thema und den Ablauf des Moduls vor.

Fakultativ:
Analyse und Bekanntgabe der Benotung der spielpraktischen Prüfungen (20 Min.)

› Wenn ihr ausreichend Zeit habt, dann könnt ihr das Video der spielpraktischen Prüfungen anschauen, gemeinsam mit der Kursleitung die Prüfungen analysieren und auf diese Weise die Benotung transparent machen.

→ **Serviceseiten, S. 103 ff.**

› Grundlage der Besprechung sind neben den Filmen auch die von der Kursleitung erstellten Bewertungsbögen der Prüfungen und eure Kompetenzanalysebögen.

Planung einer Impro-Show (60 Min.)

Ihr plant gemeinsam den Ablauf der Impro-Show.

› Überlegt, ob es noch Disziplinen gibt, die ihr noch nicht geprobt habt, die ihr aber vielleicht gerne in eure Show integrieren wollt.
› Dann legt jemanden fest, der diese Disziplinen anleitet, damit ihr diese üben und Erfahrungen sammeln könnt.
› Schreibt alle Disziplinen, die ihr trainiert habt und die euch gut gefallen, auf Moderationskarten. Sortiert sie nach folgenden unterschiedlichen Kriterien, um den Ablauf der Show zu planen:
- Disziplinen mit einer Person, mit mehreren, mit dem ganzen Ensemble,
- Disziplinen mit und ohne Publikumsbeteiligung,
- ruhig und dynamische Disziplinen,
- Disziplinen, bei denen der Schwerpunkt auf der Sprache und solche, bei denen der Schwerpunkt auf der körperlichen Darstellung liegt.

Natürlich kommt es hierbei zu Überschneidungen. Ziel dieser Strukturierung soll es sein, mit den trainierten Disziplinen eine abwechslungsreiche Dramaturgie für die Impro-Show zu entwickeln, sodass sich das Publikum nicht langweilt.

Dramaturgische Struktur

→ Modul 10, S. 66 ff.

› Folgende dramaturgische Struktur eignet sich für eine Impro-Veranstaltung:

1. Phase: Start, laute Musik, alle Spieler auf der Bühne, viel Bewegung, anheizen des Publikums, Regeln erläutern und mit dem Publikum das Einzählen üben
2. Phase: ruhig, einfache Disziplinen, wenige Spieler, sprachorientiert, knappe Publikumsbeteiligung, z. B. mit den Disziplinen „Fachbegriffe erklären" oder der Kettengeschichte „Stirb!"
3. Phase: szenisch, handelnd, wenige Spieler, geringe Publikumsbeteiligung, z. B. „Szene mit Sätzen aus dem Publikum"
4. Phase: Szenen mit vielen Spielern, z. B. „Foto-Präsentation"
5. Phase: schwierige Disziplinen, wenige Spieler, z.B. „Schizo-Blind-Date" oder „Playback mit Basler Masken"
6. Phase: Szenen mit intensiver Publikumsbeteiligung, z. B. mit der Disziplin „Wie soll die Szene weitergehen? – Mit Publikumsbeteiligung!"
7. Phase: Höhepunkt mit allen Spielern auf der Bühne, z. B. „Autor schreibt"

› Nun kommt eine Phase, die Einfühlungsvermögen und besondere Rücksicht erfordert. Alle im Ensemble sollen natürlich in angemessener Weise zum Zuge kommen. Habt das neben euren eigenen Wünschen mit im Auge.
› Wenn ihr eine Grobstruktur des Ablaufs für eure Impro-Show erarbeitet habt, dann schreibt Moderationskarten mit euren Namen darauf und heftet sie zu den Disziplinen, die ihr gerne spielen möchtet.
› Betrachtet das Ergebnis und schiebt so lange Karten hin und her, bis möglichst alle zufrieden sind.
› Denkt auch an sogenannte „Zweit- und Drittwahlen": klärt und legt fest, welche Disziplinen ihr außer der gerade festgelegten noch spielen könntet, beispielsweise wenn jemand bei der Show ausfällt.

Fotopräsentation

Die Moderation

› Als Spielleitungsteams habt ihr die Module geleitet und bereits Erfahrungen dabei gesammelt, wie man eine Gruppe steuert.
› Legt ein Moderatoren-Team fest, das eure ganze Show steuert. Alternativ könnt ihr auch jede Disziplin von einem anderen Moderator ansagen lassen. Selbstverständlich dürfen die Moderatoren auch mitspielen.
› Die Moderation muss genauso geprobt werden wie die unterschiedlichen Disziplinen.
› Ein Zweier-Team in der Moderation spricht die Passagen ab, die angesagt werden. Es kann aber auch mit den Disziplinen spielen. Z. B. macht das Moderatoren-Team eine Ansage nach dem Prinzip „Jeder nur ein Wort". Oder ein Moderator fragt den anderen nach der Bedeutung eines Kauderwelsch-Wortes, das er neulich in der Zeitung gelesen hat – oder das er sich vom Publikum geben lässt –, und sein Partner erläutert es.

→ Modul 9, Jokerfeld und Theorie-Impuls, S. 60 ff.

› Je nachdem, wie kompetent ihr euch fühlt, könnt ihr die Grenze zwischen Vorbereitetem und Geprobtem überschreiten und tatsächlich auch als Moderatoren improvisieren.
› Wenn ihr hier schon das Publikum einbezieht, dann kann es sich selbst davon überzeugen, dass ihr wirklich improvisiert. Mit eurer Kompetenz könnt ihr so Eindruck hinterlassen.

Kleidung

› Als Kleidung für das Ensemble eignet sich die schwarze Kleidung, wie ihr sie auch bei den Proben tragt. Sportkleidung – wie der Begriff „Theatersport" scheinbar nahelegt – gibt euch eine klare Kostümvorgabe, die zu Irritationen führen kann, wenn ihr bestimmte Figuren spielt. (Ein Pfarrer beispielsweise trägt nun mal keine Sportkleidung in Ausübung seines Berufes.)
› Das Moderatoren-Team kann sich in seiner Kleidung vom Ensemble abheben und besonders schick machen oder in irgendeiner Weise extravagant kleiden.
› Die Moderatoren machen hierzu dem Ensemble Vorschläge und ihr stimmt gemeinsam darüber ab.

Requisiten

› Legt euch ein paar einfache, mehrfach einsetzbare Requisiten für alle sichtbar und griffbereit an den Bühnenrand. Dies können sein: Eimer, Hüte, Sonnenbrillen, Perücken, Schirme, Stöcke usw.
› Benutzt ein Requisit, wenn es sich anbietet, wenn es euch regelrecht „anspringt".
› Verschwendet keine Zeit mit der Suche nach einem passenden Requisit. Dies kann den Fluss einer Szene erheblich stören.

Musik und Geräusche

→ Modul 8, S. 55 ff.

› Lest im Modul 8 „Musik und Geräusche" nach, welche Einsatzmöglichkeiten es für Musik und Geräusche gibt und welche euch zur Verfügung stehen.
› Legt fest, wer sich darum kümmert und für die nächste Probe alles vorbereitet.

Die Zwischenspiele

→ Serviceseiten, S. 108 f.

› In der Show spielt ihr nacheinander eine ganze Reihe Disziplinen vor.
› Es sind nicht immer alle Spieler aktiv. Die gerade nicht aktiven sitzen im sichtbaren Off links und rechts am Bühnenrand.
› Eure Show wird lebendiger und dynamischer, wenn ihr zwischen den einzelnen Disziplinen kleine Zwischenspiele einfügt.

› Diese Zwischenspiele haben folgende Funktionen:
- alle Spieler immer wieder kurz körperlich aufzuwärmen,
- eine Zäsur zwischen den Disziplinen zu setzen.

› Zwischenspiele haben folgende Merkmale:
- sie sind kurz (eine halbe bis maximal eine Minute),
- begleitet werden sie von möglichst lauter Musik, die einen belebenden Charakter hat,
- alle spielen auf der Bühne zusammen.

Die After-Show-Party

› Bietet eurem Publikum nach eurer Show an, eure Werkschau mit euch gemeinsam noch eine Weile zu feiern.

→ **Weiterführende Literatur, S. 90: List/Pfeiffer, Kursbuch Darstellendes Spiel**

› Legt rechtzeitig ein Team fest, das sich um den Raum, die Ausstattung, das Catering usw. kümmert.

› Bietet aber auch ein angepasstes Publikumsgespräch an.

Plakate, Programmheft, Werbung

› Legt ein Team fest, das sich um die Erstellung eines Programmheftes kümmert und beim nächsten Treffen einen Entwurf präsentiert.

› Dieser Entwurf wird von allen beraten, eine endgültige Version gemeinsam verabschiedet, vom verantwortlichen Team produziert und kurz vor der Werkschau auf die Publikumssitzplätze verteilt.

› Dieses oder ein anderes Team kümmert sich darum, Werbung für eure Show zu machen oder bestimmte Gäste einzuladen, beispielsweise einen Theater-Kurs.

„Zugabe!" wird das Publikum am Ende der Show rufen. Aber die Erfahrung lehrt, dass eine Disziplin, die in der Show toll gelaufen ist, als Zugabe plötzlich fad und langweilig wird. Eine Konsequenz: Spielt eine neue Disziplin, die ihr dem Publikum in dieser Show noch nicht gezeigt habt. Natürlich müsst ihr diese bei den Proben einplanen.
Die beste Empfehlung für Laiengruppen: Keine Zugabe! Eine wirkungsvoll dramatisierte Bühnen-Show hat am Ende einen Höhepunkt und dann ist Schluss. Eine Zugabe zerstört diese Planung und kann die Wirkung mindern.

Fakultativ:
Planung eines Impro-Theater-Matchs

› Als Grundlage eurer Planung nehmt ihr die Konzeption einer Impro-Show, wie sie in diesem Modul beschrieben wurde.

› Wenn ihr Kontakt mit einer anderen Impro-Gruppe aufgenommen habt, dann ist Folgendes zu klären:
- Wann und wo findet ein erstes Kennenlernen und Austauschen statt?
- Wer kümmert sich um die Organisation dieses Treffens?
- Wer legt die Inhalte und den Ablauf dieses Treffens fest?
- Wollt ihr ein echtes Match veranstalten und um die besten Impros konkurrieren? Oder wollt ihr vielleicht eure beiden Teams – nachdem ihr einmal zusammen gearbeitet habt – mischen und auf diese Weise den Fokus weg von der Konkurrenz hin zu dem Fokus, gemeinsam eine tolle Veranstaltung zu kreieren, lenken? Auch in dieser Version kämpfen zwei Teams miteinander um die besten Impros.
- Setzt ihr einen Schiedsrichter ein oder lasst ihr bei jedem Disziplin-Wettstreit das Publikum entscheiden?

Gestaltung

Impro-Disziplinen (20 Min.)

› Wenn ihr noch Zeit habt, dann trainiert Disziplinen, in denen ihr euch noch nicht sicher fühlt, beschäftigt euch mit neuen, unbekannten Disziplinen oder startet mit einer ersten Durchlaufprobe.

Hausaufgabe

› Legt die Spielleitung des nächsten Moduls fest. Diese bereitet sich darauf vor, das Modul anzuleiten und alle notwendigen Vorarbeiten zu leisten.
› Lest den Theorie-Impuls zu diesem Modul.
› Organisiert eine Exkursion zu einer Impro-Theater-Veranstaltung.

Abschluss

Zählen von 1 bis 20 (3 Min.)

› Ihr kennt diese Teamübung.
› Prüft euer Gespür und habt den Ehrgeiz, schon beim ersten Mal bis 20 zu kommen.
› Versucht, diese Übung in den folgenden Modulen immer wieder. Sie ist ein guter Gradmesser für eure Achtsamkeit und euer Einfühlungsvermögen.
› Alle stehen im Kreis, peripherer Blick, entspannte Konzentration.
› Ohne Kommando beginnt jemand mit „eins". Ein Zweiter zählt weiter „zwei".
› Sprechen zwei Personen gleichzeitig, muss irgendjemand wieder von vorne mit der „Eins" beginnen.
› Wer welche Zahl nennt, ist nie festgelegt und ändert sich bei jedem Neubeginn.

Fachbegriffe und Theorie-Impuls

Theatersport für jedermann

Konkurrenz belebt das Geschäft oder Wettbewerb steigert die Motivation – das mag sich Keith Johnstone gedacht haben, als er den Impuls setzte, Impro-Gruppen vor einem Publikum *miteinander-gegeneinander* um die beste Improvisation kämpfen zu lassen.
Der Begriff *Theatersport* ist in Kanada eine eingetragene Wortmarke.

Das gab den Anstoß, dass sich weltweit ein neues *Genre* entwickelt hat, das von vielen spiel- und theaterbegeisterten Menschen gepflegt und weiterentwickelt wird.
Ein neuer Freizeitbereich und ein neues Segment im Unterhaltungssektor entstanden und ein neues Betätigungsfeld mit anspruchsvollen Anforderungen und Herausforderungen, in dem sich auch für das Berufsleben wichtige *Soft Skills* trainieren lassen – nicht nur die Schlagfertigkeit.

Eine oft zu beobachtende Besonderheit von Theatersport-Veranstaltungen und Impro-Matchs ist der kollegiale und hilfsbereite Umgang der Ensembles miteinander. Nicht nur die Anstrengung um die beste eigene Impro spornt jedes Team an, sondern gleichermaßen das Motiv, gemeinsam mit den anderen Teams dem Publikum eine kurzweilige Show dieser Kunst zu bieten. Darin eingeschlossen ist auch die gegenseitige ensembleübergreifende szenische Zusammenarbeit, Unterstützung und Hilfe.

Diese Vielfältigkeit und Freiheit der Betätigungen eröffnet Spiel- und Präsentationsmöglichkeiten in den unterschiedlichsten Bereichen: im Freizeitsektor mit Jugendgruppen, in Vereinen, in Schulen, Unternehmen sowie in Alten- und Pflegeheimen.

Einen interessanten Impuls, der sich auch aus der *demographischen Entwicklung* unserer Gesellschaft ergibt, setzt Lars Ruppel* aus Marburg mit seinem Projekt „Weckworte", einem Poesie Projekt für Menschen mit Demenz.

› Schüler, Angehörige, Slam-Poeten besuchen alte und demente Menschen und improvisieren mit ihnen zusammen in vorab erarbeiteten *Sprach-Handlungs-Modulen*.

› Der Erfolg dieser Methode zeigt, wie man mit geschickt eingesetzten *Improvisations-Formaten* auch bereits in die Dämmerung abgleitende Menschen aufwecken und ihnen verloren geglaubte Momente wacheren Bewusstseins geben und Lebensfreude schenken kann.

** Lars Ruppel ist deutscher Team-Meister im Poetry Slam,*
Veranstalter zahlreicher Poetry-Slam-Wettbewerbe und Seminare.

WEITERFÜHRENDE LITERATUR/LINKS

› List, Volker/Pfeiffer, Malte: Kursbuch Darstellendes Spiel. Aufbaukurs 1, Modul 16: Generalprobe. Publikumsgespräch. Ernst Klett Verlag, Stuttgart 2009, S. 180.
› www.de.wikipedia.org/wiki/Theatersport
› www.impro-theater.de
› www.larsruppel.de/?page_id=5
› www.list-rhetorik.de
› www.theatersport-berlin.de
› www.theatersport-freiburg.de/theatersport.htm

15 Durchlaufprobe

Ihr macht eine erste Durchlaufprobe und arbeitet an der Stimmigkeit eurer Dramaturgie. Ihr kreiert einen Spannungsbogen.

Aufwärmen

Szenisches Aufwärmen mit Genremusik und Feedback (10 Min.)

› Beginnt mit einem szenischen Aufwärmen nach dem Muster, wie es im Modul 2 auf Seite 17 beschrieben ist, und trainiert eure Imaginationskraft, achtet auf die Spielangebote eurer Partner und vor allen Dingen trainiert, nicht zu blockieren, wenn euch ein Spielangebot unterbreitet wird.

Gestaltung

Organisation

Ihr bekommt einen Überblick über die Arbeit in diesem Modul.

› Die Spielleitung stellt kurz das Thema und den Ablauf des Moduls vor.

Durchlaufprobe (80 Min.)

→ Weiterführende Literatur, S. 94: List/Pfeiffer, Kursbuch Darstellendes Spiel

› Bereitet alles Notwendige für den Durchlauf vor.
› Richtet die Technik ein: Geräusche- und Musikeinspielungen, Lichtsteuerung, Lichteinstellungen und -wechsel planen und vorbereiten.
› Legt alle Requisiten griffbereit an die Bühnenseiten.
› Organisiert einen Flipchart.
› Hängt einen Ablaufplan mit den Disziplinen – für alle gut sichtbar – an den Flipchart.
› Das Moderatoren-Team hält auf Moderationskarten den Ablauf fest und notiert wichtige Vereinbarungen (Spickzettel)…
› Ideen für die Platzierung von Zwischenspielen haltet ihr fest. Die endgültige Festlegung trefft ihr so spät wie möglich. Bei der Gestaltung der Zwischenspiele kommen manche Ideen sehr spät, weil sie beispielsweise erst durch bestimmte Disziplinen angeregt oder durch die spürbare Wirkung der Dramaturgie/der Abfolge inspiriert werden.

> Moderations-Arbeit ist auch „Dompteurs-Arbeit“. Mancher Moderator ist gescheitert, weil er dem Druck des Publikums nicht standhalten konnte. Prüft sehr genau, wer das Standing hat. Besser noch: Testet mit kleinem Publikum eure Moderationsfähigkeiten bei einer öffentlichen Probe. Moderiert zu zweit. Aber auch das muss geprobt werden.

→ Theorie-Impuls, S. 94

› Die Moderatoren proben nicht nur ihre Ansagen, sondern trainieren auch mit schwierigen Situationen umzugehen, z. B. Situationen, in denen das Publikum wenig hilfreiche Angebote macht.
› Probt auch die Applausordnung.
› Stoppt die Dauer eurer Aufführung. Ein guter Richtwert beträgt eine Stunde.

Zur Unterscheidung der beiden Teams – wenn alle schwarz gekleidet sind – eignen sich kleine unterschiedliche Kostümteile, z. B. verschieden farbige Armbinden, Stirnbänder, Halstücher oder eine Gruppe trägt Hüte, die andere nicht. Auch eignen sich kleine Schminkzeichen im Gesicht. Seid kreativ!
Durch diese beliebigen theatralen Zeichen ergeben sich beim Spielen von Szenen manchmal überraschende neue Impulse. Nutzt diese!

Autorin schreibt. Ensemble spielt

Checkliste: Typische Fehler bei einer Impro-Show vermeiden

- ☐ Die Moderation achtet darauf, keine Publikumsvorschläge für Figuren, Orte und Themen aufzugreifen, die genau so schon geprobt wurden.
- ☐ Die Moderation entscheidet schnell und eindeutig, welcher Publikumsvorschlag genommen wird. Sie darf keine Diskussion über Publikumsvorschläge zulassen.
- ☐ Die Spieler nehmen sich nicht vor, einen bestimmten Lazzo, Gag oder Wortwitz in einer Szene unterzubringen. Dies führt meist zu Einschränkungen der Kreativität.
- ☐ Die Spieler nehmen sich vor, am Rand liegende Requisiten nur zu benutzen, wenn sie spontan einsetzbar und griffbereit sind.
- ☐ Alle Akteure bemühen sich, „mittelmäßig“ zu sein. (Keith Johnstone)

Finden Spieler in einer Szene kein Ende, wird sie zu lang oder langweilig, dann gibt der Beleuchtungs-Techniker ein Signal. Er fährt das Rampenlicht für einen Moment in sehr kurzen Intervallen ein wenig herunter und zieht es dann wieder hoch; aber nur so stark, dass es die Spieler zwar sehen, das Publikum dies aber nicht bemerkt.

› Legt fest, ob die Kursleitung eure Generalprobe zur Grundlage einer Ensemblenote machen soll.

Hausaufgabe

› Legt die Spielleitung des nächsten Moduls fest. Diese bereitet sich darauf vor, das Modul anzuleiten.
› Ladet ein paar Gäste zu einer öffentlichen Generalprobe ein. Das muss keine große Gruppe sein. Ein paar wenige Menschen, die dem Theater und euch zugewandt sind, werden euch konstruktives und ehrliches Feedback geben.

Abschluss

Meine Lieblings-Lazzi

› Verabschiedet euch von allen mit euren Lieblings-Lazzi oder mit einem Lazzo, der euch besonders gut gefallen hat.

Fachbegriffe und Theorie-Impuls

Geheimnisse

Fakes

› Die Moderation tut so, als ob sie willkürlich Spieler für Disziplinen aussucht. In Wirklichkeit ist es vorher abgesprochen, wer welche Disziplin machen wird. Dieses Vorgehen ist dem Sachverhalt geschuldet, dass Laien, wie z. B. Schüler, ihre Impro-Kompetenzen aufgrund der wenigen Unterrichtsstunden noch nicht in der notwendigen Weise festigen konnten, um eine erfolgreiche Bühnenshow zu garantieren. Dennoch steht es einem gut trainierten Ensemble frei, auch hier das Risiko einer echten Improvisation zu wagen.
› Eine Person im Publikum ist vorab instruiert worden, einen bestimmten Vorschlag zu machen, den das Ensemble unbedingt spielen will, weil es eine fertige Szene ausgearbeitet und geprobt hat, die eine starke Wirkung erzielt.

Premieren-Gag

Seid ihr gut? Seid ihr mutig? Dann können einige einen Premieren-Spaß aushecken.
Dies ist eine vorab geheim geplante Aktion, z. B. können zwei Spieler verabreden, sich am Anfang der Aufführung zu necken, sie steigern ihre Aktionen langsam bis zum lautstarken Beschimpfen (analog eines Rap Battle). Die nichts ahnenden Mitspieler und die Moderato-

ren sind irritiert. Können sie mit der Situation mit der nötigen improvisatorischen Lässigkeit umgehen? Es kann eine Auflösung dieses Spaßes geben oder auch nicht.
Eine Auflösung könnte sein, dass sich im Fall eines Streites zweier Personen, sich diese beiden am Ende auf der Bühne prügeln – aber in Zeitlupe und mit entsprechender musikalischer Begleitung. Ein Spaß für die Zuschauer und die Mitspieler.
Aber Vorsicht! Eine Premiere verträgt nur einen dieser Gags!

Publikum führen

Das Publikum will seinen Spaß. Diesen Wunsch muss das Ensemble bedienen. Beteiligung und Mitgestalten bereiten Spaß und Vergnügen. Also fordern wir die Zuschauer auf, mitzumachen. Dies geschieht über das obligatorische Einzählen jeder Disziplin mit lautstarkem „5, 4, 3, 2, 1, los!".
Die Moderatoren befragen das Publikum oft und bitten um Vorschläge für Orte und Figuren oder wie eine Szene weiterlaufen soll. Gefällt den Zuschauern eine Szene besonders gut, dann dürfen sie vorab ausgeteilte Plastikrosen auf die Bühne werfen. Diese werden dann gleich wieder eingesammelt und dem Publikum zurückgegeben. Gefällt dem Publikum eine Szene nicht, so darf es laut „Langweilig!" rufen, oder es wirft – ebenfalls zuvor ausgeteilt – feuchte Schwämme.
Wenn ihr einen Schiedsrichter bei einem Match einsetzt, lasst ihn bewusst einmal ein ungerechtes Urteil fällen, damit sich das Publikum an ihm austoben kann.

Applausordnung

Hiermit bezeichnet man die Reihenfolge, in der die Spieler nach Ende der Vorstellung die Bühne zum Applaus betreten. Oft tritt zuerst das Ensemble gemeinsam auf, verbeugt sich und verlässt gemeinsam wieder die Bühne. Danach folgen die einzelnen Darsteller, die entweder in der Reihenfolge ihres Auftritts oder nach der Bedeutung ihrer Rollen für das Stück die Bühne betreten. Nach dem Einzelapplaus folgt dann meist noch einmal der Auftritt mit dem Ensemble – je nachdem, wie lange das Publikum klatscht. Gerade das Verbeugen in einer Reihe sollten Neulinge üben, damit es nicht unbeholfen wirkt. Hilfreich ist es, wenn sich alle an der Hand fassen und die Person in der Mitte die Verbeugung durch einen kurzen Händedruck signalisiert, der von den Nachbarn sofort weitergegeben wird. Dann ziehen alle die Arme ausgestreckt über den Kopf – ohne sich loszulassen – und lassen den Oberkörper vornüberfallen. Eine andere Möglichkeit ist, dass die Spieler eine vorher festgelegte Person anschauen und sich verbeugen, sobald diese mit ihrer Verbeugung beginnt.

WEITERFÜHRENDE LITERATUR

› List, Volker/Pfeiffer, Malte: Kursbuch Darstellendes Spiel. Aufbaukurs 1, Modul 11: Bildwirkung. Licht. Ernst Klett Verlag, Stuttgart 2009, S. 162 ff.
› Ebenda: Grundkurs 2, Modul 16: Durchlauf und Generalprobe. Applausordnung. S. 124.

16 Generalprobe

Ihr probt eure Impro-Show auf die Art, wie sie auch bei der öffentlichen Aufführung gespielt werden soll, und überprüft ein letztes Mal die Stimmigkeit eurer Dramaturgie.

Aufwärmen

„Ha!"-Kreis (5 Min.)

› Stellt euch in einem Kreis auf.
› Hüpft alle im gleichen Rhythmus von einem Bein auf das andere – nach links und nach rechts.
› Auf Kommando fangt ihr an, auf jeden Hüpfer von acht bis null zu zählen, also rückwärts.
› Bei „null" hüpft ihr alle zusammen mit ausgestreckten Armen und geballten Fäusten im Schlusssprung nach vorne und ruft laut „Ha!".
› Danach müsst ihr sofort wieder zurück in den Wechselschritt und ein neuer „Countdown" beginnt – diesmal von sieben bis null.
› Habt ihr heruntergezählt, dann gibt es eine Umkehrphase und ihr zählt wieder hoch bis acht. Die Umkehrphase ist schwierig, weil ihr zweimal hintereinander „Ha!" rufen und nach vorne springen müsst.

Training

Ihr veranstaltet eine öffentliche Generalprobe (60 Min.)

› Lest dazu den Theorie-Impuls auf Seite 97.

Zwischen der Generalprobe und der Aufführung/Werkschau sollte keine große Zeitspanne liegen, am besten nur wenige Tage.
Irrglaube: Eine verpatze Generalprobe garantiert eine gelungene Premiere!

› Lasst euch ein konstruktives Feedback nach dem bekannten Muster geben:
1. „Mir hat besonders gut gefallen …, weil …"
2. „Ich wünsche mir …, weil …"
› Besprecht, was bei eurer Generalprobe alles gut geklappt hat und ob ihr noch vor der Aufführung etwas ändern wollt. Das sollten aber nur noch Kleinigkeiten sein.
› Nutzt die Generalprobe dafür, euch gegenseitig zu versichern, dass ihr die erworbenen Kompetenzen beherrscht.

Hausaufgabe

› Legt fest, wer sich um die Dinge kümmert, die euch bei der Generalprobe noch aufgefallen sind und die ihr ändern wollt.

› Die Moderation bereitet das Publikumsgespräch vor und leitet es. Die Intensität und den Umfang des Gesprächs bestimmt ihr selbst. Sammelt entweder nur positives Feedback der Gäste ein oder fordert sie auf, Fragen an das Ensemble zu stellen. Ihr könnt auch die Frage diskutieren, ob man das Improvisieren und die Schlagfertigkeit systematisch erlernen kann.
› Als hilfreich hat sich erwiesen, unmittelbar nach einer Aufführung keine kritischen Inhalte zu besprechen, sondern den Erfolg zu genießen und die Arbeit zu feiern.

Die Kursleitung kann die Generalprobe als spielpraktische Prüfung nutzen, um eine Ensemblenote festzulegen.

Checkliste: Werkschau-Vorbereitung

- ☐ Ist die Technik eingerichtet? Ist das Licht eingestellt, sind Geräusch- und Musikeinspielungen vorbereitet und getestet?
- ☐ Ist der Publikumseinlass geregelt?
- ☐ Sind die Programmhefte verteilt?
- ☐ Wurden Rosen und Schwämme bereitgelegt?
- ☐ Sind Zettel und Stifte für die Publikumsmitarbeit vorhanden?
- ☐ Liegen die Requisiten zum Spielen am Bühnenrand bereit?
- ☐ Sind Flipchart und Stifte für die Punktevergabe beim Match organisiert?
- ☐ Gibt es einen Hut für Spenden am Ende der Werkschau?
- ☐ Wurden Catering und After-Show-Party bzw. Nachbesprechung vorbereitet?
- ☐ Hat jemand die Schulleitung und den Hausmeister informiert?
- ☐ Bei einer Abendveranstaltung: Wird Licht benötigt? Sind die Zugangswege markiert? …
- ☐ … Fehlendes bitte ergänzen!

Abschluss

Summkreis (3 Min.)

› Bildet einen Kreis.
› Legt euch die Arme gegenseitig auf die Schultern, neigt die Köpfe zur Mitte. Oft ist es gut, auch die Augen zu schließen.

› Dann beginnen alle gleichzeitig mit einem Summton. Zunächst mit „mmmm ...", dann öffnet den Mund und lasst ein „aaaa ..." daraus werden. Lasst den Ton nicht abreißen.

Variation:

› Singbegabte können den Ton oktavieren oder Mehrklänge bilden. In geeigneten Räumen können dabei schöne Obertonklänge entstehen.

Fachbegriffe und Theorie-Impuls

Die Generalprobe

Eine *Generalprobe* ist die letzte Probe vor der Premiere. Im Theaterbetrieb findet sie meistens ein oder zwei Tage vor der Premiere statt.
Bei der *Generalprobe* soll das Stück so gespielt werden, als handele es sich um eine richtige Vorstellung. Obwohl es hierbei noch die Möglichkeit gibt, das Geschehen auf der Bühne zu unterbrechen, Details zu verbessern oder Fehler zu besprechen, wird doch meistens das Stück komplett durchgespielt, so als sei das Publikum anwesend. Dadurch trainieren die Spieler mit Fehlern, die immer unterlaufen können, umzugehen.
Applaus nach der *Generalprobe* bringe Unglück für die Premiere – so sagt man.

Expressive Gesten transportieren Bedeutung

WEITERFÜHRENDE LITERATUR

› List, Volker/Pfeiffer, Malte: Kursbuch Darstellendes Spiel. Grundkurs 2, Modul 16: Durchlauf und Generalprobe. Ernst Klett Verlag, Stuttgart 2009, S. 123 f.

17 Werkschau

Ihr zeigt eure Arbeitsergebnisse.

Ablauf

Ablaufbesprechung und Vorbereitung (10 Min.)

→ Modul 16, S. 96

› Kontrolliert mit Hilfe der Checkliste für die Werkschauvorbereitung, ob alles vorbereitet ist und seinen Platz hat.

Aufwärmen

› Wärmt euch mit einer dynamischen Übung auf, z. B. mit dem „Ha!"-Kreis.

„Ha!"-Kreis (5 Min.)

› Stellt euch in einem Kreis auf.
› Hüpft alle im gleichen Rhythmus von einem Bein auf das andere – nach links und nach rechts.
› Auf Kommando fangt ihr an, auf jeden Hüpfer von acht bis null zu zählen, also rückwärts.
› Bei „null" hüpft ihr alle zusammen mit ausgestreckten Armen und geballten Fäusten im Schlusssprung nach vorne und ruft laut „Ha!".
› Danach müsst ihr sofort wieder zurück in den Wechselschritt und ein neuer „Countdown" beginnt – diesmal von sieben bis null.
› Habt ihr heruntergezählt, dann gibt es eine Umkehrphase und ihr zählt wieder hoch bis acht. Die Umkehrphase ist schwierig, weil ihr zweimal hintereinander „Ha!" rufen und nach vorne springen müsst.

Geschafft!

Gestaltung

Werkschau (60 Min.)

› Ihr präsentiert eure Arbeitsergebnisse.

Publikumsgespräch/Werkschaufeier

› Unmittelbar nach der Show ladet ihr euer Publikum zu einem Publikumsgespräch und zur Werkschaufeier ein.
› Alle Spieler mischen sich gleich – ohne sich abzuschminken oder umzuziehen – unter die Zuschauer.
› Die Moderation der Show übernimmt auch die Leitung des Publikumsgesprächs.

Hausaufgabe

› Legt die Spielleitung des nächsten Moduls fest. Diese bereitet sich darauf vor, das Modul anzuleiten.
› Bereitet ein kleines Picknick für die Nachbesprechung und den Abschluss des Projektes vor.
› Gebt euch Noten, eine für eure Mitarbeit im Projekt und eine für die Werkschau.
› Zusammen mit den Noten für die anderen Leistungsnachweise (Klausur/Hausarbeit) legt ihr eure Gesamtnote fest.
› Die Kursleitung macht das Gleiche. Im nächsten Modul besprecht ihr dann gemeinsam eure Ergebnisse. Im Anschluss daran legt die Kursleitung die Noten fest.

Fachbegriffe und Theorie-Impuls

Die Werkschau

Als *Werkschau* bezeichnet man eine Aufführung, die in einem kleineren, nicht- oder nur halb-öffentlichen Rahmen stattfindet – vor Freunden, Verwandten, Bekannten oder gezielt eingeladenen Personen.

Diese Aufführungsform bietet sich an, um erste Erfahrungen beim Auftreten vor einem Publikum zu sammeln.

Eine *Werkschau* erhebt nicht den Anspruch, ein fertiges Produkt zu zeigen, das perfekt und bis ins letzte Detail ausgearbeitet ist. Vielmehr geht es darum, dem Publikum den Arbeitsstand zu zeigen, auf dem das Projekt abgeschlossen wird. Gleichzeitig jedoch soll deutlich gemacht werden, dass das Projekt fortgeführt und das Gezeigte weiterentwickelt werden könnte.

18 Nachbesprechung

Ihr reflektiert die vergangene Projektarbeit und beschreibt die erworbenen Kompetenzen.

Organisation

Ihr bekommt einen Überblick über die Arbeit in diesem Modul.

› Die Spielleitung stellt kurz das Thema und den Ablauf des Moduls vor, legt das Material bereit und hilft bei der Gestaltung des Picknicks.

Besprechung

Auswertung des Projektes (45 Min.)

Ihr analysiert das Projekt Impro-Theater.

› Erstellt vier Plakate mit den folgenden Überschriften der Kompetenzbereiche:
1. Theaterästhetische Grundlagen
2. Theaterästhetische Gestaltung
3. Theater als Kommunikation
4. Soziokulturelle Partizipation

→ **Weiterführende Literatur, S. 101: List/Pfeiffer, Kursbuch Darstellendes Spiel**

› Nehmt eure Kompetenzanalysebögen und eure Probentagebücher zur Hand. Vergewissert euch noch einmal gemeinsam, worum es bei den vier Kompetenzbereichen geht und wie die dazugehörigen Anforderungsbereiche definiert sind.

› Nehmt euch nun einige Pinnkarten und schreibt in wenigen Stichworten und für die anderen gut lesbar auf, was ihr in jedem der vier Kompetenzbereiche in diesem Projekt gelernt bzw. welche Kompetenzen ihr vertieft habt.

› Jeder, der möchte, geht nun zu einem der Plakate, heftet eine oder zwei Karten daran und erläutert kurz und prägnant die Stichworte auf seinen Karten. Nennt bei euren Erläuterungen immer konkrete Beispiele aus dem Projekt und aus der Werkschau.

› Wenn alle Karten hängen, dann prüft gemeinsam mit der Kursleitung, ob etwas Wichtiges vergessen wurde, und ergänzt es.

› Am Ende dieser Auswertungsphase könnt ihr euch noch fragen, was euch persönlich weitergebracht hat und was euch als Gruppe, als Ensemble ausmacht. Was hat euch zusammengeschweißt?

Heitere Kompetenzanalyse

Notenbesprechung (45 Min.)

Ihr besprecht eure Leistungen und legt die Noten fest.

› Gemeinsam oder in Einzelgesprächen teilt ihr der Kursleitung eure Notenerwartung mit.
› Danach erfahrt ihr von der Kursleitung die Einschätzung eurer Leistung.
› Abweichungen werden besprochen und die Kursleitung legt am Ende die Noten fest.

Abschluss

Verabschiedung

› Verabschiedet euch von jedem im Kurs mit einem tiefen Blick in die Augen und ein paar herzlichen Worten.

Fachbegriffe und Theorie-Impuls

Noten

Die Leistungen im Projekt können nach folgendem Muster benotet werden:
Modell A (zwei Leistungsnachweise im Halbjahr)

1. Mitarbeit: 50 %
2. Leistungsnachweis (Klausur als Hausarbeit): 25 %
3. Leistungsnachweis (Spielpraktische Prüfung/Einzelnote): 25 %

Modell B (ein Leistungsnachweis im Halbjahr)

1. Mitarbeit: 2/3
2. Leistungsnachweis (Werkschau als Ensemblenote): 1/3

Beide Modelle lassen sich kombinieren, wenn ein Kurs zwei Halbjahre arbeitet, z. B. in der Stufe 12 (G8) bzw. in der Stufe 13 (G9).
In diesem Fall würde Modell A im ersten Halbjahr (Thema: Impro-Theater) und Modell B im zweiten Halbjahr (Thema: Impro-Show, Impro-Match) Anwendung finden. Der Autor dieses Bandes nutzt diese Variante seit 2001 mit Erfolg. Auch andere Kombinationen und Varianten sind praktikabel.

Ensemblenote

→ Modul 11, Theorie-Impuls, S. 74 ff.
→ Modul 13, Theorie-Impuls, S. 84

Eine *gemeinsame Note für eine Aufführung eines Ensembles* ist die konsequente Beurteilung einer Gesamtleistung.
Nur durch die Zusammenarbeit der einzelnen Mitglieder einer Gruppe – vergleichbar den einzelnen Gliedern einer Kette – wird eine Gesamtwirkung erzeugt, die ein Einzelner nicht herstellen kann.
Konsequenterweise werden bei den professionellen Theaterkritikern die Stücke auch in ihrer Gesamtwirkung wahrgenommen und beurteilt.
Neben dieser Wertung der Gesamtästhetik werden selbstverständlich auch Besonderheiten von Einzelleistungen berücksichtigt und bewertet.

WEITERFÜHRENDE LITERATUR

› List, Volker/Pfeiffer, Malte: Kursbuch Darstellendes Spiel. Grundkurs 1, Modul 18: Nachbesprechung. Ernst Klett Verlag, Stuttgart 2009, S. 64 f.

Serviceseiten

Kompetenzanalysebogen
Bewertungsbogen
5v2vn6

Gebt diesen Code einfach in das Suchfenster auf schueler.klett.de ein und ladet euch die Bögen herunter.

Kompetenzanalysebogen

Erweiterungskurs Impro-Theater – Kompetenzanalyse von ______________________ (Name/Kurs)

Notenpunkte	0–4	5–6	7–9	10–12	13–15
Kursinhalte und Zuordnung von Kompetenz- und Anforderungsbereichen (KB/AB) AB 1: verstehen & trainieren AB 2: anwenden & gestalten AB 3: reflektieren & weiterentwickeln	ungenügende Grundkenntnisse, selten konstruktives Engagement	ausreichende Grundkenntnisse, gelegentliches konstruktives Engagement	sichere Grundkenntnisse, öfter konstruktives Engagement	sichere Grundkenntnisse, häufig konstruktives Engagement	sichere Grundkenntnisse, herausragend konstruktives Engagement
KB 1: Theaterästhetische Grundlagen					
AB 1 Zeichensystem und Ausdrucksträger des Impro-Theaters verstehen, erkennen, beschreiben und in Übungen umsetzen					
AB 1 Nicht blockieren bei Angeboten, Präsenz im Spiel zeigen					
AB 1 Zentrale Fachbegriffe, wie z. B. Impro-Disziplin verstehen und gebrauchen					
AB 2 Eine Szene im Format einer Impro-Disziplin gestalten					
AB 3 Szenen im Hinblick auf die verwendeten Ausdrucksträger und besondere Methoden, wie z. B. Lazzi analysieren					
AB 3 Die Verwendung von Improvisationsmethoden eigenständig weiterentwickeln					
KB 2: Theaterästhetische Gestaltung					
AB 1 Das Zusammenspiel von Einzelfaktoren einer Improvisation erkennen und beschreiben					
AB 2 Szenen im bewussten Umgang mit den theaterästhetischen Grundlagen gestalten					
AB 2 Präsentationsfähigkeit					
AB 2 Spannungsbögen entwickeln und ein plausibles Szenenende finden					
AB 3 Impro-Übungen und Impro-Disziplinen reflektieren, hinterfragen und auf Grund von Feedback weiterentwickeln; Alternativen entwickeln können					

Notenpunkte	0–4	5–6	7–9	10–12	13–15
KB 3: Theaterästhetische Kommunikation					
AB 1 Das besondere Framing von Impro-Theater, Impro-Shows und Theatersportveranstaltungen und die damit verbundenen Regeln verstehen und beschreiben					
AB 1 Kommunikation über Impro-Theater verstehen und beherrschen					
AB 2 Regeln des Impro-Theaters berücksichtigen, nutzen und damit bewusst gestalten					
AB 3 Die Qualität einer Szene auf Grund der bekannten Regeln, Formate und der Verwendung der Gestaltungsmittel reflektieren und werten					
KB 4: Soziokulturelle Partizipation					
AB 1 Verschiedene Theaterkonzepte in Funktion, Wirkung und Bedeutung kennen und beschreiben. Z. B. Commedia dell'Arte, Arbeit von Theatersport- und Impro-Gruppen					
AB 2 Dieses Wissen in die eigene Gestaltungsarbeit einbeziehen, z. B. Lazzi benutzen					
AB 3 Die eigene Arbeit in Beziehung zu diesen bekannten Formen setzen und reflektieren, z. B. welche Funktion Lazzi für die Darsteller und das Publikum haben oder die Frage, wie der Einsatz dieser Elemente das Verhalten des Publikums bspw. bei Comedy-Veranstaltungen verändert					
Besondere Leistungen					
Eine besondere Leistung kann z. B. die selbstständige Organisation eines Impro-Matchs mit einer anderen Impro-Gruppe sein.					

Bewertungsbogen

Spielpraktische Prüfung „Impro-Disziplinen“

Name der Schülerin/des Schülers: **Klasse/Kurs:**

++ sehr gut umgesetzt
+ gut umgesetzt
- unklar umgesetzt
-- missachtet/nicht umgesetzt

	Disziplin 1	Disziplin 2
In Spielszenen in der ersten halben Minute ein Setting kreiert:		
› Raum:		
– sichtbar gemacht		
– während des Spiels eingehalten		
› Figur gezeigt:		
– Beruf		
– Haltung		
– Gefühle		
– Motive		
– Tics (in Klimaxform gezeigt)		
– Phobien		
› Thema/Konflikt der Szene:		
– sichtbar gemacht		
– entwickelt		
– differenziert, variationsreich und kreativ entfaltet		
Ästhetische Mittel eingesetzt:		
› Freeze		
› Zeitlupe		
› Toc		

	Disziplin 1	Disziplin 2
Kompositionsmethoden eingesetzt:		
› Reihung		
› Steigerung		
› Verdichtung		
› Bruch		
Lazzi benutzt:		
Weitere Kriterien:		
› Timing, Auftritte, Abgänge		
› Präsenz/Grundspannung gehalten		
› nicht ins Private gefallen		
› viel gehandelt, nicht unnötig oder redundant gesprochen		
› nicht blockiert		
› auf konstruktive Spielangebote des Partners eingegangen		
› selbst konstruktive Spielangebote gemacht		
Besonderheiten:		
Gesamtanzahl +		
Gesamtanzahl –		

Beurteilung und Note:

Verteilung der Leistungskontrollen

› Beispielhaft sind in der Grafik die Leistungskontrollen für einen Kurs in der Stufe 12 (G8) bzw. in der Stufe 13 (G9) dargestellt.
› Es werden im ersten Halbjahr zwei Leistungsnachweise gefordert und im zweiten Halbjahr ein Nachweis. Aber auch andere Setzungen sind möglich.
› Die Werkschau sollte vor den Beginn der Abiturphase gelegt werden, sodass die Schüler und Schülerinnen ihre Verpflichtungen im Fach Theater/Darstellendes Spiel bis zu diesem Zeitpunkt erfüllt haben.

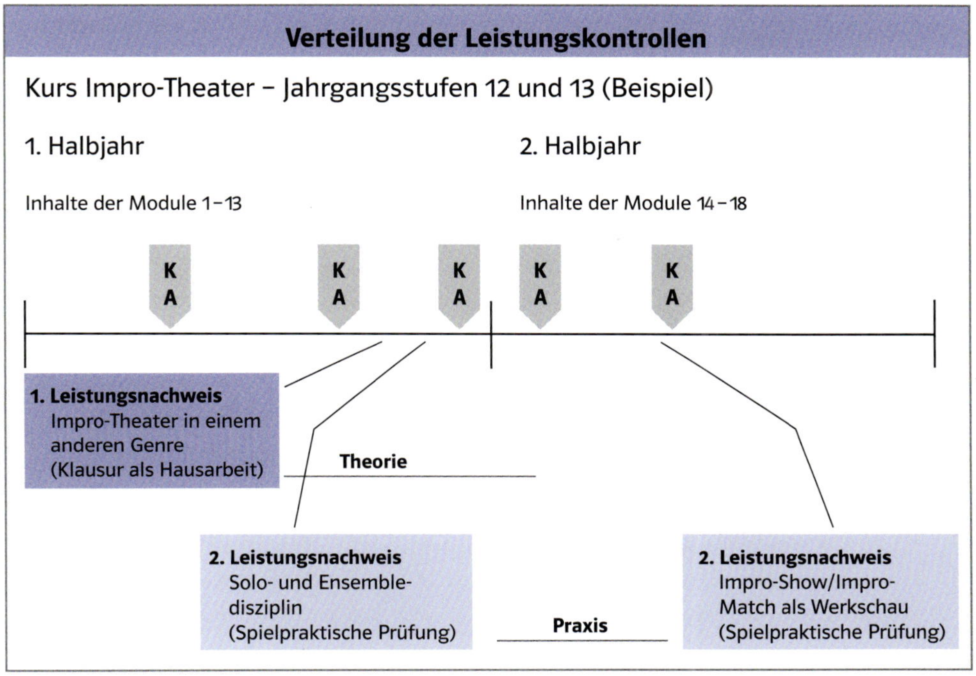

› Die „Kompetenzanalysebögen" (KA-Pfeile) können im ersten Halbjahr dreimal und im zweiten Halbjahr zweimal als Gesprächsgrundlage genutzt werden, um den jeweils aktuellen Leistungsstand und gegebenenfalls notwendigen Förderbedarf zu ermitteln.

Zwischenspiele

› Zwischenspiele sind kurze, dynamische Aktionen des ganzen Ensembles mit viel Bewegung.

› Sie haben in einer Impro-Show folgende Funktionen:
- Sie lockern die Reihung der vorgeführten Impro-Disziplinen durch Zäsuren auf.
- Da nicht immer alle Spieler aktiv sind und einige von ihnen links und rechts am Bühnenrand im sichtbaren Off sitzen, erkalten sie. Mit Hilfe der Zwischenspiele können sich die Spieler immer wieder kurz körperlich aufwärmen.

› Die Show wirkt insgesamt lebendiger und dynamischer durch die für das Publikum teilweise überraschenden und ungewöhnlichen Choreografien.

› Zwischenspiele erfüllen folgende Merkmale:
- sie sind kurz (eine halbe bis maximal eine Minute)
- mit möglichst lauter Musik, die einen belebenden Charakter hat
- alle Spieler zeigen gemeinsam auf der Bühne eine Bewegungschoreografie

→ **Modul 8, S. 55 ff.**

Beispiele:

1. Alle gehen hintereinander in den Vierfüßlerstand. Jeder fasst die Fußgelenke seines Vordermanns. Alle bewegen sich im Takt nach vorne.
   Musikvorschlag: Elephant Walk
2. Alle bilden zwei Reihen und stellen sich paarweise gegenüber in der Bühnenmitte auf. Alle nehmen eine kämpferische Haltung (beispielsweise eine Fechthaltung) ein. Mit dem Einsatz der Musik greift die eine Reihe die andere an und treibt sie zum Bühnenrand. Danach greift die andere Gruppe an.
   Musikvorschlag: Filmmusik aus A Clockwork Orange/Ouvertüre
3. Alle stehen in Reihen en face zum Publikum als Boxer mit Springseil und hüpfen entsprechend. Anschließend gehen sie einen Schritt nach vorne und trainieren mit einer imaginierten Boxbirne. In der dritten Phase gehen sie, dabei die linke und rechte Gerade schlagend, einige Schritte auf das Publikum zu.
   Musikvorschlag: Filmmusik aus Rocky/Eye of the Tiger

Emotionen zeigen

4. Alle stehen in einer Reihe am Bühnenrand. Der Erste geht in einer Schrittfolge wie beispielsweise eine Prinzengarde an Fastnacht tanzend nach vorne. Alle folgen im Abstand eines Schrittes, sodass sich eine Schrägformation bildet, die über die Bühne wandert.
   Musikvorschlag: Narrhalla-Marsch
5. Alle nehmen eine Haltung an, als würden sie auf Pferden sitzen. Mit dem Beginn der Musik reiten sie los.
   Musikvorschlag: Filmmelodie aus der Western-Serie Bonanza
6. Alle nehmen paarweise Tanzhaltung ein und tanzen einen schwungvollen Walzer.
   Musikvorschlag: Kaiserwalzer von Johann Strauss
7. Alle verteilen sich auf der Bühne und nehmen bizarre Körperhaltungen ein. Beim Einsetzen der Musik zucken alle zunehmend ekstatisch mit dem ganzen Körper bis zum Zusammenbruch.
   Musikvorschlag: Heavy Metal mit schnellem Rhythmus

→ **Links, S. 112**

8. Alle verteilen sich im Carree auf der Spielfläche und machen eine Schrittformation nach dem Muster des Cha Cha Slide von DJ Casper o. Ä.
9. Bildet zwei Gruppen, die sich jeweils in zwei oder drei Reihen nach dem Vorbild der West Side Story gegenüberstehen. Eine Gruppe geht auf die andere einen Schritt zu, während diese synchron einen Schritt zurückweicht. Nach mehreren Schritten erfolgt ein Richtungswechsel. Dann lösen sich die zwei „Anführer“ der beiden Gruppen und liefern sich einen Mini-Tanz-Battle.
   Musikvorschlag: Black Betty von Tom Jones
10. Alle marschieren in einer Formation im Gleichschritt nach Marschmusik wie bei einem Straßenumzug eine Gruppe Twirling- oder Cheerleader-Girls.

Literaturverzeichnis

› Andersen, Marianne Miami: Theatersport und Impro-Theater. Impuls-Theater-Verlag, Planegg 1996.

› Becker, Dirk T.: Das Haus des Pantomime-Künstlers. Ein Arbeitsbuch für Pantomime. MV-Verlag, Greifswald 2005.

› Berendt, Joachim-Ernst: Das dritte Ohr. Vom Hören der Welt. Traumzeit-Verlag, Battweiler 2007.

› Berendt, Joachim-Ernst: Die Welt ist Klang – Nada Brahma. Hörwerk mit Beiheft auf 4 CDs. Network-Medien-Cooperative, Verlag Zweitausendeins, Frankfurt/M. 1988.

› Berendt, Joachim-Ernst: Vom Hören der Welt – Das Ohr ist der Weg. Hörwerk mit Beiheft auf 4 MCs. Network-Medien-Cooperative, Verlag Zweitausendeins, Frankfurt/M. 1988.

› Boal, Augusto: Theater der Unterdrückten. Übungen und Spiele für Schauspieler und Nicht-Schauspieler. Suhrkamp Verlag, Frankfurt/M. 1979 und 1989.

› Brecht, Bertolt: Gesammelte Werke in 20 Bänden. Edition Suhrkamp, Frankfurt/M. 1967.

› Brecht, Bertolt: Schriften zum Theater. Suhrkamp Verlag, Frankfurt/M. 2000.

› Bundesverband Theater in Schulen e.V. (Hg): Fokus Schultheater 08. Theater. Musik. Hamburg 2009.

› Filz, Richard: Rhyth: MIX 1/2 mit Audio-CD/CD-ROM. Helbling Verlag, Esslingen 2008/2009.

› Fromm, Erich: Haben oder Sein. DTV, München 2011.

› Fuhrmann, Manfred (Hg.): Aristoteles. Poetik. Verlag Philipp Reclam jun., Stuttgart 1994.

› Geißler, Karlheinz A.: Zeit – verweile doch … Lebensformen gegen die Hast. Verlag Herder GmbH, Freiburg 2008.

› Goethe, Johann Wolfgang von: Dichtung und Wahrheit. Eine Auswahl herausgegeben von Walter Schafarschik. Verlag Philipp Reclam jun., Stuttgart 1993.

› Habermas, Jürgen: Strukturwandel der Öffentlichkeit. Suhrkamp Verlag, Frankfurt/M. 2009.

› Jank, Werner u. a.: Music Step by Step. Medienbox mit 3 Audio-CDs u. 1 CD-ROM. Helbling Verlag, Esslingen 2010.

› Johnstone, Keith: Improvisation und Theater. Alexander Verlag, Berlin 2008.

› Johnstone, Keith: Theaterspiele. Spontaneität, Improvisation und Theatersport. Alexander Verlag, Berlin 2009.

› Keller, Gottfried: Kleider machen Leute. DTV, München 1997.

› Klepacki, Leopold (Hg.) u. a.: Schultheater. Heft 5 und 7. Friedrich Verlag GmbH, Seelze 2011.

› List, Volker: Elektronische Medien im Theaterunterricht. In: Spiel & Theater. Heft 186. Deutscher Theaterverlag, Weinheim 2010.

› List, Volker u. a.: Großgruppenverfahren. Lebendig lernen – Veränderung gestalten. Springer Medizin Verlag, Heidelberg 2008.

› List, Volker: Körper und Raum. Hessisches Institut für Lehrerfortbildung. Wiesbaden 2000.

› List, Volker/Pfeiffer, Malte: Kursbuch Darstellendes Spiel. Ernst Klett Verlag, Stuttgart 2009.

› List, Volker: Theaterübungen. CD-ROM. Theaterbuchversand, Frankfurt/M. 2012.

› List, Volker: Von der Vorlage zum Spiel. Module für ein Theaterprojekt. Hüttenberg 2000.

› Mehnert, Henning: Commedia dell'arte. Verlag Philipp Reclam jun., Stuttgart 2003.

› Meyer, Karl-A. S.: Improvisation als flüchtige Kunst. Schibri Verlag, Berlin 2008.

› Mrak, Katharina von (Hg): The Method – Ein Überblick über die Schauspieltheorie nach Konstantin S. Stanislawski und Lee Strasberg. Grin Verlag, München 2007.

› Müller, Werner: Auf die Bühne, fertig, los! Auer Verlag, Donauwörth 1994.

› Müller, Werner: Körpertheater und Commedia dell'Arte. Auer Verlag, Donauwörth 2004.

› Pädagogisches Zentrum Rheinlad-Pfalz: Darstellendes Spiel unterrichten 1. Wir fangen an. Informationen, Spielideen, Projektvorschläge für das erste Unterrichtsjahr in der Sekundarstufe 1. Bad Kreuznach 2004.

› Pädagogisches Zentrum Rheinlad-Pfalz: Darstellendes Spiel unterrichten 2. Lernen-Leisten-Bewerten-Fördern. Informationen, Kompetenzmodelle, Kompetenzraster, Aufgabenbeispiele, Bewertungsbögen für die Sekundarstufe 1. Bad Kreuznach 2008.

› Plath, Maike: Spielend unterrichten und Kommunikation gestalten. Warum jeder Lehrer ein Schauspieler ist. Beltz Verlag, Weinheim und Basel 2010.

› Reisyan, Patricia: Aristoteles „Poetik" und Bertolt Brechts „Die Dreigroschenoper": Ein Vergleich. Grin Verlag, München 2009.

› Schmidt, Greta: Beleuchtung von Wolfgang Isers Leerstellen bei Oliver Reeses „Bartsch, Kindermörder". Ludwig-Maximilians-Universität München/Theaterwissenschaft, München 2010.

› Simhandl, Peter: Stanislawski Lesebuch. Sigma Medienwissenschaft, Edition Sigma, Berlin 1992.

› Spolin, Viola: Improvisationstechniken. Junfermann Verlag, Paderborn 2005.

› Stanislawski, Konstantin S.: Die Arbeit des Schauspielers an sich selbst. Tagebuch eines Schülers. Teil 2. Die Arbeit an sich selbst im schöpferischen Prozeß des Verkörperns. Henschel Verlag, Berlin 1981.

› Stegemann, Bernd: Stanislawski Reader. Die Arbeit des Schauspielers an sich selbst und an der Rolle. Henschel Verlag, Berlin 2007.

› Tonscheidt, Bettina: Portfolio-Arbeit im Theaterunterricht. In: Spiel & Theater". Heft 187. Deutscher Theaterverlag, Weinheim 2011.

› Vlcek, Radim: Workshop Improvisationstheater. Auer Verlag, Donauwörth 2000.

› Wenzel, Karl-Heinz: B.E.S.T. – Das Praxisbuch. Eine exemplarische Projektbeschreibung in 10 Phasen. Deutscher Theaterverlag, Weinheim 2011.

Links

› www.commedia-dell-arte.com

› www.commediadellarte.zapalot.de/geschichte.htm

› www.de.wikipedia.org/wiki/Pantomime

› https://angewandte-theaterforschung.de/kursbuch-impro-theater/

› www.de.wikipedia.org/wiki/Theatersport

› www.dieterwunderlich.de/commedia_arte.htm

› www.freesound.org/

› www.grin.com/e-book/151935/beleuchtung-von-wolfgang-isers-leerstellen-bei-oliver-reeses-bartsch

› www.improwiki.de/improtheater

› www.impro-theater.de

› www.kolping-augsburg.de/jugend/tuwas/tuwas-thema-spiele.pdf

› www.larsruppel.de/?page_id=5

› www.list-rhetorik.de

› www.myvideo.de/watch/328642/dj_casper_cha_cha_slide

› www.myvideo.de/watch/7927503/DER_DRITTE_MANN_KULT_FILM

› www.pegasus-theater.de

› www.piccolacommedia.ch/31_proj_aktuelle.htm

› www.sport.uni-augsburg.de/studium/skripten/praxis/stillger/kon/Pantomime1.pdf

› www.stomponline.com/show.php

› www.theatersport-berlin.de/

› http://www.theatersport-freiburg.de/theatersport.htm

› www.theaterwerkstatt-heidelberg.de/uploadverzeichnisse/downloads/tw_info22_commedia.pdf

› www.volkerlist.de

› http://www.youtube.com/watch?v=khfksVHxQSs (Becher Rap)

› www.youtube.com/watch?v=ZUnaNTfTzuM